生态文明观下的中国工业化与城镇化协调发展研究

A Study on the Coordinated Development
of China's industrialization and Urbanization
from an Ecological Point of View

林 琳／著

中国社会科学出版社

图书在版编目（CIP）数据

生态文明观下的中国工业化与城镇化协调发展研究/林琳著 . —北京：
中国社会科学出版社，2017.5
ISBN 978 - 7 - 5161 - 9994 - 7

Ⅰ. ①生…　Ⅱ. ①林…　Ⅲ. ①工业化—关系—城市化—研究—中国
Ⅳ. ①F424②F299. 21

中国版本图书馆 CIP 数据核字（2017）第 047445 号

出 版 人	赵剑英
责任编辑	凌金良
特约编辑	金　泓
责任校对	郝阳洋
责任印制	张雪娇

出　　版	中国社会科学出版社
社　　址	北京鼓楼西大街甲 158 号
邮　　编	100720
网　　址	http://www.csspw.cn
发 行 部	010 - 84083685
门 市 部	010 - 84029450
经　　销	新华书店及其他书店

印刷装订	北京鑫正大印刷有限公司
版　　次	2017 年 5 月第 1 版
印　　次	2017 年 5 月第 1 次印刷

开　　本	710×1000　1/16
印　　张	12.25
字　　数	147 千字
定　　价	48.00 元

目　　录

第一章

绪　　论

第一节　选题背景与意义

一　选题背景

经济增长和经济发展是几百年来经济学界始终讨论的热门话题也是争议最多、新的观点层出不穷的一个研究领域。关于该题目的研究几乎涵盖了经济学的全部内容。而第二次世界大战之后发展中国家的历史经验又不断地充实该领域的内容，使得该领域不断取得新的成果和新的实践经验。

改革开放以来尤其是 21 世纪以来，我国的经济增长和经济发展是世界舞台上最为令人瞩目的实践。截至 2012 年，我国已经成为世界第二大经济体，创造了人类社会经济增长历史上一个前所未有的成就。但是从经济发展的实践来说，我国的工业化、城镇化发展过程中还有很多欠缺和不足。在过去几年间，城乡二元结构转换发展速度趋缓甚至在部分非沿海的落后地区有倒退的趋势，新型工业化道路的创新力随着宏观经济调控和世界局势的变动也面临着越来越多的挑战和风险。可以说，在某种层面上，我国经济全面发展的步伐落后于经济增长的成就。"保增长、调结构、促发展"问题在近几年显得尤为迫切。党中央国务院决策层及时发现了这一苗头，并接连提出了适应我国的经济发展道路。

针对工业化增长潜力逐渐趋弱的现象，党的十六大报告中首次鲜明地定义了新型工业化道路："坚持以信息化带动工业化，以工业化促进信息化，走出一条科技含量高、经济效益好、资源消耗低、环境污染少、人力资源优势得到充分发挥的新型工业化路子。"在这一逐步摸索工业现代化的过程中，面对着由于高速经济增长带来的一系列经济、社会矛盾，在十七大报告中又鲜明地提出了"新型城市化"的概念，即"新型城市化是按照统筹城乡、布局合理、节约土地、功能完善、以大带小的原则，促进大中小城市和小城镇协调发展。以增强综合承载能力为重点，以特大城市为依托，形成辐射作用大的城市群，培育新的经济增长极"。2010 年，党的第十七届五中全会在审议"十二五"规划的同时通过《中共中央关于制定国民经济和社会发展第十二个五年规划的建议》，这一文件提出了将推进工业化和城镇化协调发展作为未来内陆地区经济社会全面发展的主要政策思路。十八大以后，城镇化和新型工业化的协调发展更是作为未来我国经济转型和持续健康增长的重要政策保障，尤其是依靠市场的力量推动城镇化的思路，更是将新型工业化和城镇化建设更加紧密地连接在了一起。从世界各国经济发展的历史经验来看，工业化和城镇化的协调发展是任何一个社会从农业社会向工业社会转变的必然要求，是经济转型的必然选择，更是一国走向全面现代化的必经之路。新型工业化和城镇化的发展是根据我国国情以及改革开放的实践得出的重大经验，其全面推进必将对我国经济的长期稳定增长带来持久的动力。

同时，进入 21 世纪之后，传统的工业化和城镇化建设的弊端逐渐显现。其突出的问题就是生态环境受到巨大破坏——有些被破坏的环境甚至是不可恢复的。人与环境、经济发展与社会发展之间的冲突又会成为经济发展的障碍。反观我国的工业化和城镇化历程，既具有传统路径的高成长性特征，也具有传统路径的缺点——生态环境代价过大的问题。

因此，本书在研究我国工业化和城镇化耦合发展的同时强调了生态文明观对工业化和城镇化的指导意义，在经济转型的大背景下，这一视角将会更具有实际的指导意义。

二 选题意义

本书选题的主要意义包括两个方面。

从理论意义上来说，将中央政策精神落实到发展经济学和产业经济学当中，构建城镇化与新型工业化之间协调发展的理论模型，并探索与之相关的实证模型。构建该研究的理论框架将有利于发展经济学和产业经济学以及区域经济学等学科的交相融合，形成适合中国国情尤其是经济后起地区的经济现实的理论体系。

就其现实意义来说，我国改革开放 30 年的历程几乎涵盖了西方世界数百年的发展历程。快速的经济发展将原本自然发育的现代经济体系构建过程严重地压缩了。这种急剧的压缩一方面获得了举世瞩目的成就，另一方面则是让诸多经济、社会方面的矛盾更加集中和尖锐。短时期内的快速发展难免顾此失彼、相顾不暇。新型工业化和城镇化这一矛盾统一体的关系也具有这种特征。快速的工业化固然加速城镇化，同时也在一定程度上影响了城镇化的质量，从而反过来影响了工业化自身的演化进程。因此，研究这两者之间孰因孰果，以及相互作用的机理对于政府尤其是省一级地方政府的决策将具有重大的参考价值。通过理论研究和实证分析，将会从现实层面探求最为有效和直接的产业政策和城镇化政策，从而为两者和谐发展寻求其政策"抓手"。

第二节 研究视角与研究方法

一 研究视角

工业化和城镇化的协同发展问题的研究是一个复杂系统的研究，同时也是一个没有定论的研究。不同的地区面临的产业结构、人口结构、资源结构都有很大的差异性，不可能得出一概而论的结论，也不可能有放之四海而皆准的具体对策。因此，本书以贵州省、湖北省的城镇化和工业化发展作为案例。2012 年，贵州省在内陆省份 GDP 增长率中排名第一，这主要是得益于过去几年贵州省所采取的大力促进新型工业化发展的针对性政策。同时，贵州也是全国人均 GDP 排名末尾的省份，由于其特定的自然条件和人口结构等问题，整体的经济实力以及城镇化进程在全国来看几乎是垫底的。2011 年，湖北省城镇化率首破 50%，全省城镇化工作处于奋力提升阶段，在今后城镇化过程中，如何将生态文明融入城镇化发展的各方面和全过程，如何协调经济发展与资源、环境的关系，探寻可持续的新型城镇化道路已经成为湖北省发展过程中必然面临的重要问题。不同区域间快速的经济增长以及相对滞后的经济发展程度基本成为我国极端化现状的缩影，由此展现了我国经济的一种现实诉求。

本书的研究视角为新型工业化与城镇化的协调发展问题，是从工业化过程对城镇化的正面以及负面影响的角度展开的。重点研究要解决的问题是，工业化对城镇化的促进和影响因素，并得出促进两化发展适用的产业政策。主要内容涵盖以下几点：

（1）新型工业化和城镇化的概念的内涵与外延的解析。从发展经济学和产业经济学角度重新审视新型工业化与传统工业化的差别、城镇化与城市化之间的关系，对两化进行理论层面的重新界定。并由此展现与之相关的理论。

（2）新型工业化与城镇化的影响机理分析。根据现有理论，梳理城镇化和工业化的基本理论框架，为深入分析奠定基础，初步确定方法论。

（3）对世界主要国家的城市化和工业化历程进行梳理和回顾，通过经济史研究和案例研究对不同的模式进行比较，从而为本书的研究提供历史经验的参考。

（4）作为案例分析，对贵州省、湖北省的工业化与城镇化进程时间序列数据进行实证分析，首先分析城镇化的主要影响因素以及影响的程度，再分析传统工业化（第二产业）和新型工业化（第二、第三产业）各自对城镇化的影响。在中央以及贵州省、湖北省的相关政策框架内，探寻适宜贵州省、湖北省的产业政策和城镇化政策，提出切实可操作的建议。

（5）对生态文明观和生态经济建设进行解析，并分析生态文明观指导下的工业化和城镇化之间的协调发展。

（6）全书总结，提炼主要观点。

二　研究方法与数据来源

本书所采用的研究方法简要总结为：

（1）理论与实践相结合。在对新型工业化进程和城镇化的研究中采用了发展经济学、区域经济学、政治经济学以及产业经济学等学科的理论模型，同时结合贵州省的产业政策实践进行研究，试图将理论与我国现实相结合和升华。

（2）定性与定量分析相结合。对于我国目前新型工业化、城镇化的概念以及其所包含的内容要点进行定性分析。同时根据贵州省、湖北省经济数据进行定量分析，以此对贵州省、湖北省两化的具体进程和阶段进行定性分析。

（3）案例分析和比较分析法。本书有一定篇幅介绍西方主要国家的工业化和城市化的进程。并比较了其各自产生的背景和特点。从而提供可供借鉴的历史经验和教训。

（4）实证分析与规范分析相结合。在对贵州省、湖北省城镇化阶段及其与工业化关系的分析方面，本书采用了计量模型进行时间序列分析。时间序列分析的主要部分是实证的，也是相对而言缺少价值判断的。在实证分析的结果上，得出了工业化尤其是第三产业的发展提供了最为主要的动力。在此基础上提出了对应的政策，属于规范分析法。

如非特别说明，本书的数据主要来自《中国工业统计年鉴》《湖北经济年鉴》和《贵州经济年鉴》等官方文件。

第三节　本书结构

本书主要分为十一章，其中第一部分为第一章绪论，主要起到"提出问题"的作用，作为全书的总领以及主要的文献回顾。在文献回顾的基础上提出后文的研究思路。

第二部分包括第二、第三章，主要是对新型工业化理论和城市化理论的发展脉络进行梳理，属于文献综述和基本理论阐释的部分。

第三部分包括第四章和第五章两章内容，属于历史经验和案例分析部分，对世界主要国家工业化与城市化的经验进行案例总结和提炼。

第四部分为第六章，是实证研究部分，对贵州省工业化和城镇化协调发展进行定量分析。

第五部分为第七章，对贵州省城镇化和新型工业化发展的产业扶植政策和配套措施进行探讨。

第六部分包括第八章和第九章，以更加高远的角度对工业化和城镇化未来的发展指明方向，并提出一种全面的生态文明观的科学发展战略建议。

第七部分包含第十章和第十一章，试图对生态文明观指导下的贵州省和湖北省工业化和城镇化发展提出对策性建议。

最后是全书总结。

总结起来，本书的成文结构遵循着"提出问题—理论阐释—案例分析—实证分析—对策建议"的技术路线，力图尽量阐释本书的观点。

第四节　可能的创新与不足

一　可能的创新之处

第一方面，本书将新型工业化和城镇化纳入同一个理论框架内进行研究，试图综合产业经济学和发展经济学等学科的相关领域研究创立一个有效的理论体系，这在目前学界尝试的相对较少。特别是探讨了科学发展观指导下的工业化和城镇化可持续发展的问题，具有一定创新性。

第二方面，本书选择了较有代表性省份——贵州省、湖北省作为研究对象。理由为贵州省、湖北省所具有的特殊代表意义：既是经济增长速度最快的，也是城镇化相对落后的地区，因此其结论可能较其他地区更加具有借鉴意义。

　　第三方面，除了专注分析新型工业化和城镇化之外，还特别运用生态文明观的理念对未来工业化和城镇化建设以及经济社会的全面发展提供指导建议。

二　本书的不足之处

　　本书属于学科交叉领域的研究，其不足也是类似研究所较为普遍的。首先是受到精力以及篇幅的限制难以深入探究各个学科的深层次理论和前沿观点，从而出现理论的深度和广度有限。其次在实证方面，受到细类部门数据缺失的影响，本书的研究不得不多次改变实证路线，导致计量的细化分析未能完成，实为一大遗憾。

第二章

新型工业化理论发展脉络

新型工业化理论是建立在传统的"工业化"概念上的。因此，本书首先回顾工业化思想的演变历程。并在此历程上总结新型工业化的理论定位和研究意义。

第一节　工业化思想的演变

18世纪末，在重商主义者的经济主张中最先显示出了工业化的思想。美国独立后的第一届政府财政部部长汉密尔顿（Hamilton）就是一位重商主义政策的理论家，他在其提交的国会报告中强调了发展和保护新兴幼稚制造业的意义。19世纪中叶德国历史学派奠基人物弗里德里希·李斯特作为汉密尔顿国家重商主义经济学说的继承者，首先对工业化和工业发展问题进行了系统的探讨。无独有偶，马克思和恩格斯也对工业化进行了深刻的研究和论述。

自20世纪40年代发展经济学诞生以来，发展经济学的学者们以发展中国家为重点研究对象，集中对工业化理论进行了研究，提出了一系列推进发展中国家工业化进程的主张建议，工业化理论体系日渐成熟起来。

一   早期工业化思想概述

在经济思想史中，美国重商主义者汉密尔顿和德国历史学派的奠基人李斯特等是早期工业化思想的代表性前驱。他们二者均从国家利益角度出发，提出政府应运用保护关税等干预手段来保护和促进本国新兴幼稚工业的发展，以建立独立的国民经济体系。

（1）汉密尔顿的工业化思想。美国独立后首任财政部部长汉密尔顿（1755—1804 年）在 1790—1791 年向国会提交了著名的初步体现工业化思想的四大报告，系统地提出了发展美国经济的建国大纲，中心内容是加强政府对经济运行的干预，发展民族工业，以实现美国工业化。汉密尔顿指出，一个国家工业的发达不仅可以极大地增加本国的财富，而且与本国的经济、政治独立与安全息息相关，美国要想强大起来，发展工业是当务之急。虽然受当时低下的制造业发展条件和落后的经济思想所限，他的报告并没有被通过，但汉密尔顿所提倡的发展工业的主张具有很强的预见性，符合美国的经济发展趋势。

（2）李斯特的工业化思想。作为汉密尔顿的理论继承者，德国历史学派的奠基人物弗里德里希·李斯特（1789—1864 年）是第一个系统探讨经济落后国家如何实现向工业化强国转变问题的经济学家，他以此为切入点，建立起了自己的国民经济学体系。李斯特在对德国赶超英国的战略进行研究时发现技术领先是最为关键的因素。他总结出"累计效应"即静态规模经济和动态规模经济，指出在有巨大技术差距的国与国之间进行自由贸易的竞争会对后发国家相当不利。李斯特强调了政府在一国工业化进程和技术转让中的重要作用，要求国家重视教育和培训，积极从英国引进熟练技术人员。李斯特尤其推崇美国的工业化路径，他在其所著《政治经济学的国民体系》一书中多次提及，并在理论层面上作了系统的阐述和总结，提出了适度贸易保护理论和适合于德国国情的产业政策。

二　马克思、恩格斯的工业化论述

马克思和恩格斯关于工业化问题的论述，主要集中在以下三个方面：

一是对工业化（当时被称为工业革命或大工业发展）产生前提的研究，提出市场化是工业化的前提和条件。从最早走上工业化发展道路的西欧经济发展历程来看，市场化打开了工业化之路的大门，即市场革命总是先于工业革命。相对于工业革命来说，市场革命（或制度创新）更是一个缓慢渐进的过程。"以前那种封建的或行会的工业经营方式已经不能满足随着新市场的出现而增加的需求了。工场手工业代替了这种经营方式。""市场总是在扩大，需求总是在增加。甚至工场手工业也不再能满足需要了。于是，蒸汽和机器引起了工业生产的革命。"① 关于资本主义工业化的道路和国家的作用，马克思指出："由封建农业社会到工业社会的转变，以及各国在世界市场上进行的与此相应的工业战争，都取决于资本的加速发展，这种发展并不是沿着所谓自然的道路而是靠强制的手段来达到的。"②

二是对工业化的客观描述和实证分析，指出工业化带来了生产力的飞速发展、经济结构和社会生活的巨大变化。恩格斯分析了工业化给英国所带来的变化：近 60 年来的英国工业史，是人类编年史中无与伦比的历史，简短来说就是如此。60—80 年前，

---

① 《马克思恩格斯选集》第 1 卷，人民出版社 1974 年版，第 252 页。
② 同上。

英国与其他任何国家几乎没有什么差别：城市小、工业少而不发达、人口稀疏且多半是农业人口。而现在它却明显不同于其他任何国家了：有人口达 250 万人的首都，有众多繁荣发达的城市，有能供给全世界产品机器化大生产的工业，有近 2/3 从事于工业和商业的聪明而勤劳的稠密人口，这些人口几乎完全是由另外的阶级组成的，而且和过去相比实际上是具有另外习惯和另外需要的民族。对于工业化所带来的就业结构和产业结构方面的变化，马克思和恩格斯也给予充分的肯定。

三是马克思的跨越式发展理论。在马克思看来，东方落后国家由于其自身社会结构和历史环境的特殊性，它可以走一条与西方社会渐进式发展不同的跨越式发展道路。因为人类文明的发展历程，一方面表现为量的渐进性、连续性的增加，另一方面又表现为质态的跃变，使文明发展呈现出跨越式、非连续性的阶段性特征来。在一个具有普遍联系的开放型社会体系中，先发国家文明的进步，必然会对其他社会国家产生一定的影响。"一切历史冲突都根源于生产力和交往形式之间的矛盾。"此外，对于某国的内部冲突来说，完全没有必要让这种矛盾在本国发展到极端的地步。因为后发国家同工业较发达国家进行的国际交往和贸易竞争，就足以使后发国家在本国内产生类似的矛盾。19 世纪末的俄国等西方相对落后国家，之所以能够跨越资本主义的"卡夫丁峡谷"，就在于其"特有的历史条件"，即"与俄国农民公社并肩存在的西欧资本主义生产正濒于崩溃的时刻，而且在这一时刻它本身已显示出一种新的生产形式"。贸易和生产的互动为后发国家实现跨越式发展提供了技术支持和现实依据。后发国家通过制度模仿来攫取先发国家的文明成果，为生产力的跨越发展提供路径支持和物质基础，所以，"俄国必须迅速发展工业"。①

三　发展经济学的工业化理论

20 世纪 40—60 年代发展经济学初步形成，发展经济学家开始对工业化问题进行最初的研究。这一时期发展经济学的先驱们从落后农业国的经济现实出发，将发展中国家赶超发达工业国家进行经济发展的战略设计为缩小传统农业部门与扩大现代工业部门，并强调了政府适当干预经济的作用。这一阶段的代表性著作有1943 年罗森斯坦 – 罗丹（Rosenstein-Rodan）的《东欧与东南欧工业化问题》，1945 年曼德尔鲍姆（Mandelbaum）的《落后地区的工业化》，1949 年张培刚的《农业国的工业化》②等。早期发展经济学先驱们支持工业化的理论依据主要包括以下三方面：

一是刘易斯（Lewis）的二元经济发展模式。这种模式表明，在发展中国家，将一部分劳动力从生产率很低的农业部门转移到生产率较高的工业部门中时，整个社会的劳动生产率就会提高。

二是联系效应论。赫希曼（Hirschman）提出了建立在"联系效应论"基础上的"不平衡增长战略"。他认为，为了使有限的资本产生最大化的经济效果，发展中国家必须把稀缺的资本投入前后联系效应较大的部门中去。他明确表示，工业部门尤其是资本品工业部门的联系效应相比农业部门而言要大得多。因此，根据"投入—产出"关系，发展中国家应采取资本品工业部门和农业部门非平衡发展的策略。该项主张一度成为日本第二次世界大战之后崛起的主要指导思想。客观上促成了日本经济的快速复苏和经济的高速增长，成为日本产业扶植政策的核心思想。

---

① 《马克思恩格斯选集》第 1 卷，人民出版社 1974 年版，第 503 页。
② 该著作在一定程度上成为我国发展经济学理论框架的奠基之作。

三是需求结构变动论。张培刚在考察劳动力作为生产要素的需求弹性时，运用了马歇尔的"联合需求"分析方法，他发现在扩张的经济中，工业部门对劳动力的需求弹性大于农业部门，即使在给定将来技术水平的情况下也是如此。以粮食为主的农产品不仅需求收入弹性低，而且随着人均收入水平的提高其收入弹性会进一步呈下降趋势，因而，经济发展到一定水平时，农业在国民经济中的产值份额和就业份额就一定会下降，工业化是适应需求结构变动要求的必然结果。其所得出的主要主张与城市化（城镇化），城乡一体化，破除工农业"剪刀差"有着直接的关系。

在 20 世纪最后的 20 年间，发展经济学的政策导向研究更加深化，很多经济学家根据日本经济腾飞的经验，提出后发国家的工业化进程必须通过计划与行政控制相结合的手段来推进。普雷维什（Prebisch）、纳克斯（Nurdse）等人认为"市场不会引发工业的腾飞"；亚历山大·格申克龙（Gerschkron）在《十九世纪欧洲工业化的启示》一文中指出："在工业化过程中相对范围内存在市场失灵，在刚开始经济工业化的国家必须采取有效措施来推进工业化，甚至替代市场。"①

随着现代工业部门的不断扩张，发展中国家的经济有了长足发展，人均收入水平也有了很大增长。但随着工业化进程的不断推进，后发国家开始出现一系列的问题，如城乡收入差距的扩大，农业发展的停滞，失业问题的加剧，市场机制作用的被忽视，等等。这些问题的出现促使经济学家于 20 世纪 70 年代开始重新审视发展中国家的工业化问题：一是重新确定了农业在工业化过程中的基础地位，认为农业经济的发展不仅能为工业化进程的快速

---

① ［瑞］马茨·林达尔等主编：《发展经济学的新方向》，卢周来译，经济科学出版社 2000 年版，第 293 页。

发展提供资本和劳动力，因而具有工具价值的作用，而且农业本身的发展也是后发国家工业化进程中的一个子目标；二是对工业化进程中的政府干预和计划的得失进行了重新评估，并重新强调市场机制在工业化中的推动作用。

四　工业化理论的体系化

20 世纪 80 年代，发展经济学家们对工业化的研究进入了一个新阶段。经济学者通过历史统计与比较分析的研究方法，把工业化与经济增长联系起来，研究影响工业化与经济增长的各种因素。钱纳里（Chenery）、鲁宾逊（Robinson）和赛尔奎因（Syrquin）等人合著的《工业化和经济增长的比较研究》一书是研究这一问题的代表作，他们发展了"发展型式"的研究理论与方法；吉利斯、波金斯和罗默等人则从贸易和工业化的关系入手，研究了发展中国家的工业化道路选择，推进了工业化问题的深化研究。具体表现在：

（1）综合运用投入—产出模型。运用一般均衡模型等分析工具对准工业化国家的工业化历程进行比较分析，研究各国工业化的发展经验和原因。

（2）揭示工业化促进经济增长与经济发展的作用机理。经济发展一般都会伴随着产业结构或经济结构的变动，而工业化则是加速经济结构转变的重要方式。工业化带来了产出的大幅增长，增加了工业制成品的供给，同时，工业化加剧了经济发展过程中对原材料的需求，影响了供给和需求结构。"工业化即是以各种不同的要素供给组合去满足类似的各种需求增长格局的一种途径。"[①]

---

① ［美］钱纳里：《工业化与经济增长的比较研究》，吴奇等译，上海三联书店 1996 年版，第 6 页。

（3）研究工业化的决定因素。工业化影响总需求和要素供给结构，同时需求结构和供给结构反过来也会影响工业化的发展，但是需求和供给对工业化的影响程度是不同的。在需求方面，影响工业化的主要是中间需求而非最终需求。在工业化发展的不同阶段，各种因素对工业化的影响也有所不同。

（4）划分工业化的标准式，将工业化国家大致分为外向型工业化国家、中间型工业化国家和内向型工业化国家三种，揭示了不同准工业化国家发展路径依赖的区别。

（5）研究工业化和贸易的关系。如果一国工业化的进程是在资源稀缺、技术约束和结构因素制约下开始的，那么"工业化战略的选择，取决于一个国家的贸易方式，为了促进比较优势的转变和改变工业化模式，政府可以采取两种不同的贸易战略：进口替代和外向型发展"。①

五　20 世纪 80 年代以后工业化理论的进展

20 世纪 80 年代末以来，发展经济学在对工业化进行深化研究的基础上，形成了一些新的成果。具体表现在：

（1）解释了发展中国家工业化过程不同的原因。以东亚、非洲等发展中国家的工业化过程作为研究对象，以激励有效性假设为依据，把国际贸易策略作为影响工业化成功的主要因素，强调了政府干预的作用，指出工业化的成功是激励、能力和制度多种因素相互作用的结果。

（2）提出了衡量工业化成功的标准。成功的工业化意味着短期内劳动生产率或生产能力的明显提高，并可以长期保持持续增

① ［美］吉利斯、波金斯等：《发展经济学》，彭刚等译，中国人民大学出版社 1998 年版，第 484 页。

长的趋势。指出了在企业这一微观层面上主体实现静态效率与动态效率的同步提高，是工业化得以成功的基本因素，从而从微观层面细化研究工业化的问题。

（3）分析工业化国家取得的成就。国家工业化的成就取决于激励、制度与能力等多种因素的相互作用。激励源于国际贸易策略与国内产业政策，能力包括物质资本、技术努力和人力资本，而制度则是指为克服工业发展中市场失灵所建立的体制支撑。

（4）关注发展中国家工业化过程中的环境破坏、资源浪费与可持续发展问题。后发国家为了赶超先发国家，实现经济的飞速发展，偏重于优先发展重工业的经济战略，形成了经济发展失衡和产业结构不合理的状况，造成了环境污染问题严重以及人口压力激增，生态平衡遭到破坏等，这些问题的出现引发了经济学家对工业化过程中的可持续发展问题的关注，并提出以税收、行政指令等政策工具来加以解决。

（5）用分工理论重新解释工业化的过程。杨小凯是新兴古典发展经济学家的代表人物之一，他用分工理论揭示了工业化过程中农业分工慢于工业分工的具体原因，从经济组织和专业化生产的角度对工业化的实现过程进行了全新的解释。综上所述，工业化的研究已经突破了工业化自身发展的限制，逐步演变成一个涵盖经济发展多阶段多领域的综合性学科。工业化理论在不同时期为各国的经济发展实践和政策选择提供了理论支持，同时，各国工业化进程的实践也在不断地检验着工业化理论的有效性。

六　工业化的特殊性问题

工业化是各国经济发展中必须面临的根本问题，发展中国家的经济发展过程甚至可以具体而明确地称之为"农业国的工业化"，这使工业化必然成为发展经济学研究的重点课题。

从内容上讲，需要对不同国家和地区在不同历史时期的工业化历程进行比较研究，以探寻其演变过程及路径依赖的共性，进而总结出一般性的规律原理来；需要在新时代背景及社会条件约束下对工业化国家的发展进行具体分析，分析后发国家面对新的时代背景该如何选择工业化道路，如如何应对环境污染的压力、如何应对信息化与工业化融合所带来的机遇和挑战等；需要总结不同历史时期和时代背景下不同国家工业化进程中的经验和政策选择依据，进而为发展中国家工业化过程中政策选择提供理论支持。

从理论体系上讲，批判地学习、吸收、融合制度经济学、比较经济学、演化经济学、经济思想史和经济史的最新研究成果，从新的理论视角（比如专业化、分工等）来解释各国各时期工业化演进过程的差异性、多样性，分析工业化的演进历程、路径依赖以及社会体制、认知与产业政策的互动关系，进而对工业化的发展方向作出合理的预测，以丰富和完善发展经济学的理论框架和理论体系。

从研究方法上讲，对工业化问题的研究将不仅仅是像经济史学家那样局限于史料的收集、罗列和整理，而是研究工业化的战略选择和模型设立，并将史料分析与现实研究、理论分析与实证分析结合起来，丰富工业化的研究方法与研究方式。

当代诺贝尔经济学奖获得者索洛（Solow）在其写的《经济史与经济学》文章中表达了他对两个学科现状的不满，"经济学没有从经济史那里学习到什么，经济史从经济学那里得到的和被经济学损害的一样多"。[1] 他批判当代经济学家脱离现实，埋头制造模

---

[1]　Robert M. Solow, "Economic History and Economics", *Economic History*, Vol. 75, No. 2, May 1985.

型，指出当代经济史学家也像经济学家"同样讲整合，同样讲回归，同样用时间变量代替思考"，而不是从文化习俗和社会制度上给经济学提供更加开阔的视野。他指出，经济史学家"可以利用经济学家提供的工具"，但不要同等地回报经济学家"同样的一碗粥"。他的这些评价是很中肯的。的确，经济史的研究对象相当广阔，经济史学应当成为经济学的源，提供经济学研究的思路，而不是演化为经济学的流，套用经济学的研究方法。因此，对工业化进行研究时，不应拘泥于传统经济学的研究思维，而是吸收各学派研究方法的长处，把工业化理论与工业化经济史有机地结合在一起，运用经济史的比较分析法，将理论、经验和历史分析结合起来，进行方法论上的创新，形成工业化演进的理论体系。

当然，还有另外一层含义，就是经济学的发展是需要根据不同的国情和时代"因地制宜"的，脱离了现实的理论将会比纸上谈兵更加可怕甚至造成灾难性的后果。

七　"工业化"概念的含义

工业化是人类社会经济发展过程的必经之路，18 世纪英国的工业革命揭开了这个过程的序幕。1943 年，罗森斯坦·罗丹（Rosenstein Rodan）发表了著名的《东欧和东南欧国家的工业化问题》一文，他在文章中指出，经济落后国家要想从根本上解决贫穷问题，就必须加快实现工业化的脚步。从此之后，发展中国家便基本把"工业化"与经济发展看作是同义的一个基本概念。

在不同的经济学文献中，"工业化"含义不尽相同，将相对主流的观点简要总结如下：

（1）钱纳里（Chenery）等从制造业角度对工业化进行了定义，他们认为工业化就是增加制造业产值份额的过程，工业化水平的高低可以用制造业在国民收入中所占的份额来衡量。① 从其理论中衍生出诸多衡量工业化的指数体系。

（2）《新帕尔格雷夫经济学大辞典》中工业化词条从一国经济结构的变动的角度对工业化进行了定义："工业化是一种过程……首先，一般来说，国民收入（或地区收入）中制造业活动和第二产业所占比例提高了……其次，在制造业和第二产业就业的劳动人口的比例一般也有增加的趋势。在这两种比率增加的同时，除了暂时的中断以外，整个人口的人均收入也增加了。"②

（3）撒克（Thaker）从产业结构转变过程来看，将工业化认为是脱离农业的产业结构转变，即农业产值和农业从业人口比重的下降，制造业和服务业产值和从业人口相应比重的上升。

（4）库兹涅茨（Kuznets）从资源配置结构的转换角度，将工业化定义为资源主要是由农业领域转向工业领域的配置过程，即稀缺的资源流向非农业部门和产品来源于非农业生产活动的过程。

（5）张培刚从社会生产方式变革角度将工业化定义为："国民经济中一系列重要的生产函数（或生产要素组合方式）连续发生由低级到高级的突破性变化（或变革）的过程，是一场包括工业发展和农业改革在内的，社会生产力的变革。是社会生产力的一场带有阶段性的变化。"③

（6）吕贝尔特从生产工具的角度将工业化定义为以机器大生产取代手工操作的现代工业发展过程。他在《工业化史》中指出：在机器时代来临以后，纺织业才得以机器化大生产，蒸汽机作为

---

① ［美］钱纳里：《工业化和经济增长的比较研究》，吴奇等译，上海三联书店1989年版，第20页。

② 《新帕尔格雷夫经济学大辞典》（中译本，第二卷），经济科学出版社1996年版，第861页。

③ 张培刚：《农业国工业化问题》，湖南人民出版社1991年版，第190—192页。

一项新的动力能源才会变为可能，单件生产才逐渐过渡到系列生产，进而变为大规模生产，人类社会由此开始了巨大的变化开端，我们称这一巨变为工业化。[①]

上述工业化的含义虽然是从不同角度进行定义的，但是基本具有较一致的观点，即：工业化的核心内容是社会生产力的显著提高和生产方式、经济结构的成功转变。工业化过程中最明显的特征是，制造业等工业部门或第二产业部门的产值在国内生产总值中的比重不断上升，农业部门的产值比重和劳动力比重不断下降，直至稳定在某一较低的水平上，工业制造业部门在国民经济中逐步占据主导和绝对优势地位。

（1）很多学者按照直观理解，认为工业是农业发展的下一阶段，因而将工业化狭义地定义为制造业工业的发展。如钱纳里和库兹涅茨等人都持类似观点。这种工业化的定义忽视了农业发展及其在工业化过程中发挥的重要作用，因而具有一定的狭隘性。

（2）在上述众多定义中，《新帕尔格雷夫经济学大辞典》对工业化给出的解释较为流行，目前大多数发展经济学家都比较认可这种观点。它不仅迎合了第二次世界大战后所兴起的结构主义思潮对经济增长所进行的分析，强调结构变动和产业调整是工业化过程中的根本特征，而且便于运用实证分析和比较分析等可进行量化研究的方法对各国工业化过程进行分析。

（3）张培刚教授是从相对广义的角度对工业化进行定义的，他不仅将"基要生产函数"的变化与资本密集型工业部门相联系，用动力工业、交通运输、钢铁工业、机械制造等重工业部门的发

---

① 〔德〕鲁道夫·吕贝尔特：《工业化史》，戴鸣钟译，上海译文出版社1983年版，第1页。

展过程来说明工业化的演进历程，并且认为这些"基要生产函数"的变化还进一步加强了经济制度的变化，随之兴起了现代化工厂制度、银行制度和市场结构。他实质上是借用了熊彼特的创新理论来阐释了"突破性变化（变革）"，揭示了工业化的特征。另外，用"基要生产函数"来定义工业化符合主流经济学的思维方式，具有相对纯粹的经济学意义，适用于把握工业化进程中的一般特征。

（4）吕贝尔特对工业化的解释是在特定"历史视角"下进行的，即通过对工业化历史中的一系列重大事件和重要变化进行描述和分析，来陈述工业化根本要义的一种比较特殊的观点。

（5）帕提克将工业化的研究细化和具体到各行业企业的生产组织。他预见了"技术""机械""电力"等因素在工业化进程中对劳动力具有替代性的作用，为解决工业化过程中的失业问题提供了研究思路。布罗代尔注意到"工业化"几乎涉及社会、经济、政治结构、公众舆论等一切领域，当人们用其他名词取代工业革命的提法时，工业化究竟意味着什么？蒸汽机、铁路、煤、冶金、煤气照明、棉花还是白面包？这些方面完全不能覆盖工业化的真实内涵。布罗代尔认为用一个简单、不容置辩的定义对工业化进行概括，是不可能的。所以，他反对按部门对工业革命进行逐个解释的方法。因为这样分析工业化的演进历程会分割各部门之间的相互联系性，忽略了工业化演进过程本身的复杂性、传递性和整体性。在研究工业化的演进过程时，应该在一定的时间跨度内从相当大的共时切面上看清不同领域不同部门之间是如何同时推动、互相促进的，或者如何互为瓶颈、互相牵制的。

第二节　传统工业化与新型工业化

一　几种传统的工业化道路

传统的工业化道路主要包括西方发达国家渐进式的工业化道路、计划经济国家优先发展重工业的工业化道路、拉美国家进口替代的工业化道路、亚洲国家（地区）出口导向型的工业化道路等。传统的工业化道路在特定时期内对该国经济的飞速发展起到了巨大的推动作用，但是也不可避免地存在着隐患和局限性。

（1）西方发达国家的工业化道路。西方先发国家的工业化，得益于早期市场空间与资源方面的优势，在经过工业化的长足发展之后自然进入了信息化阶段。市场机制在先发国家的工业化进程中发挥了主要作用，产业结构的演化有着一般性的规律：一般由劳动密集型产业为主的纺织业，发展到资本密集型产业为主的如机械、钢铁、化工等行业，再发展到技术、知识密集型产业如汽车制造、原子能利用、飞机制造、电脑和航天业等行业；其发展过程消耗了大量本国或后发国家的资源，造成生态环境的恶化和失衡，以环境的破坏为代价谋求了经济的快速增长，走了一条先污染后治理的道路。

（2）计划经济国家优先发展重工业的工业化道路。主要指以苏联和中国等为主要代表的社会主义国家在特定的国际政治、经济环境压力下，实施重工业优先发展的战略，大范围运用国家力量，以计划经济的形式直接干预经济发展，采用配给制来推动工业化的进程。这种工业化的发动和推进方式，在短期内极大地提高了一国重工业化的水平，增加了本国尤其是军事竞争力，但是随着经济的持续发展，其经济结构失衡和市场机制缺乏有效性的弊端会日益凸显出来。其发展主要依靠政府大力干预经济，增加生产要素的投入，过度消耗资源和能源，走的是一条高度保护、相对封闭的内向型发展的工业化道路，这种发展模式的可持续性差，在完成工业化的基础积累以后，不得不及时转变经济增长模式。

（3）拉美国家的进口替代工业化道路。这种发展模式，就是通过建立和发展本国制造业和其他工业来满足国内市场需求，替代过去制成品主要依靠进口的局面，以国内需求带动经济增长。巴西、阿根廷、墨西哥等拉美国家是实行这种模式的典型国家。他们之所以走这样的工业化道路，是为了改变本国在国际竞争中的弱势地位，改变出口初级产品、进口工业制成品的畸形经济结构，以保护和发展本国幼稚工业。这种工业化模式能够在短时间内拉动本国制造业和国民经济的迅速发展，大幅提高本国的工业化水平，增强本国经济的独立性和自主性，但是其缺陷也不能避免：造成国际收支失衡，孤立的发展本国经济，弱化了与其他国家的经济交往，在贸易中容易形成贸易壁垒；忽视农业的发展，造成经济发展不均衡；依靠政府保护发展起来的进口替代制造业工业往往技术落后、国际竞争力低，不利于经济的长远发展；进口替代制造业工业的核心技术大都被国外先进国家所拥有，缺少自主创新力和高附加值的产业；造成城乡之间收入差距拉大的局面。

（4）亚洲国家（地区）、拉美国家的出口导向型工业化道路。出口导向型的工业化道路是指使工业制成品直接销往国际市场，以工业制成品的出口逐渐替代初级产品和原材料出口。这种模式实质上是进口替代发展模式的延伸和发展。走这种发展模式的国家和地区主要包括亚洲的韩国、新加坡、中国台湾、泰国、菲律宾和马来西亚，拉美的墨西哥和巴西等。这些国家和地区利用发达国家调整经济结构的机会，承接了发达国家转移出来的劳动密集型行业和高污染行业，改善本国的出口结构，制造业在国民经济中的比重显著提升，积累了工业化发展的初始资金，短期内促进了本国经济的较快增长。但是这种工业化发展模式有明显的缺陷：经济发展的外部依赖性增强，在机器设备、核心技术、资金和市场需求等方面严重依赖于国外，缺乏经济发展的独立性和自主性，造成经济发展的脆弱性。

通过上述对工业化定义及传统工业化发展道路的研究，可以明确：其一，工业化应当在符合历史发展逻辑和现实背景情况下加以定义，工业化是一个动态发展的过程，工业化的内涵很丰富，基于不同的视角会对工业化的认识有所不同，进而对工业化实践的指导方向就有所不同，脱离经济现实和社会条件谈工业化问题是没有意义的。因此，中国走新型工业化的道路选择应基于新时期新时代的经济环境而言，选择一条适合中国国情的新型工业化发展之路。其二，根据国际上对工业化阶段的划分标准，目前我国仍处在工业化进程的中期阶段，工业化程度落后于西方先进国家，工业化任务尚未完成，基于这种判断，结合当今国际经济形势的发展趋势，来引导和制订中国工业化道路的发展模式和政策选择。其三，每种工业化模式的选择是在特定的历史背景下进行的，其选择都存在利弊两方面的问题，中国要吸取传统工业化发展道路的经验和教训，全面分析工业化发展将会面临的约束条件和瓶颈，探寻一条符合中国基本国情和有利于长远发展的新型工业化道路。

二　"新型工业化"的提出

党的十六大报告中首次对新型工业化道路提出了鲜明的定义：

"坚持以信息化带动工业化，以工业化促进信息化，走出一条科技含量高、经济效益好、资源消耗低、环境污染少、人力资源优势得到充分发挥的新型工业化路子。"

这一定义从大的方面来讲是立足于整个世界开始对片面经济增长模式进行反思的基础上的。一方面人类近三百年的工业史表明，工业发展往往难以摆脱粗放式发展的旧有老路，这就是传统的工业化，而建构于信息化和网络时代的工业体系较之以前更加具有绿色、节能、高效等特点。另一方面，立足于我国国情，新型工业化更是考虑到我国工业化历程短、基础差，同时面临产业结构升级、技术创新水平相对较低等多方面障碍和因素，要同时解决多方面的问题与矛盾就需要一个长远的、持续的发展思路。这就是新型工业化道路提出的时代背景。

第三章

城市化理论的发展脉络

城镇化是城市化的进一步深化和发展，是适合我国国情的一种新型的"城市化"。从其理论根源来说，也是根植于传统的城市化理论。

第一节 城市化的基本理论

一 区位理论

区位理论认为，城市化是一种社会生产方式，它是以社会生产的物质要素和生产过程的空间集聚为特征的。城市经济系统由不同的城镇子系统组成，城镇子系统与城市系统之间相互作用，城市的空间集聚性创造出优于分散系统的规模经济效益，这也是城市化的动力来源。区位理论的贡献在于，它分析了城市化效益的根源，有助于确定城市的分布形式和分布状态。区位理论体系主要包括农业区位论、工业区位论、城市区位论等。农业区位论是早期的区位理论，代表人物是德国经济学家冯·杜能（Von Thunen），他的代表作《孤立国对于农业及国民经济之关系》（1826）（又译名《孤立国》）是这一理论的经典之作。农业区位论从地租、农产品特征和运输成本差异角度分析，建立起农业生产圈层分布的空间布局模式，对区位理论做了开创性的贡献。工业区位论是在农业区位论的基础上发展起来的，代表人物是德国另一位著名经济学家韦伯（Weber），《工业区位论》（1909）（又译名《纯粹区域理论》）是他的代表作。工业区位论奠定了现代区域经济学的研究基础，系统地阐述了工业区位的选择和布局。随着经济和城市化的进一步发展，城市区位论（又称"中心地理论"）逐渐形成，其代表人物是德国经济学家克里斯托勒（Christaller），他的代表作是《南部德国的中心地原理》（1933），另有德国经济学家勒施（Lösch）和他的代表作《经济空间秩序》（1939）。

美国著名经济学家保罗·克鲁格曼将区位理论称为德国"几何学"。该理论认为中心为居住在它周围及外围地域的居民提供商品和服务，中心地（城市）的基本功能是辐射区的服务中心，为其辐射区范围内的所有居民提供居于高级档次的中心性商品和服务，在中心地（城市）辐射区内还会形成不同层次的子中心，这些中心根据发展需要提供相对低档次的商品和服务，各子中心与总中心构成了一个有规则的层次关系。根据某区域内各中心地提供商品和服务的档次可以确定该中心地在中心地（城市）系统中的地位和作用。因此，中心地理论可用来分析一定区域内的城市等级和空间分布特征。①

德国著名经济学家勒施（Lösch）在其 1939 年出版的著作《经济空间秩序》中，全面系统地阐述了区位理论。勒施在分析和比较了农业区位论和工业区位论后，对城市区位的产生与选择进行了进一步分析。他指出：城市是非农企业在空间上的点状集聚，

---

① ［美］保罗·克鲁格曼：《发展、地理学与经济理论》，蔡荣译，北京大学出版社 2000 年版，第 218 页。

"即使地球是一平坦而均等的球体，城市仍会为了种种理由而产生出来"。大规模工业企业的发展，本身就具有集聚效应，逐渐扩大到组成一个城市；而同类和不同类企业的空间聚集，会扩大这种聚集的经济效应，实现内外部经济的结合，从而建立起更为庞大的生产综合体，这成为城市产生的重要驱动因素。20世纪50年代沃尔特·艾萨德努力把区位和空间理论纳入经济学理论的核心，他在《区位和空间经济学》一书中，把杜能、韦伯、克里斯托勒、勒施等人的理论整合为一个框架体系，开创性地把区位问题重新阐述为一个标准研究课题，他认为厂商对运输成本和生产成本的权衡，就像他们作出的任何利润最大化或成本最小化的决策一样正常。

二　结构理论

结构理论阐述了城市化过程中有关城市经济结构和就业结构的问题。这一理论的主要代表人物有刘易斯（Lewis）、托达罗（Todaro）、费景汉（John Fei）和拉尼斯（Ranis）、钱纳里、乔根森（Jorgenson）等。刘易斯（Lewis）建立了二元经济发展模型，把发展中国家的经济结构概括为传统农业部门和现代工业部门。他认为，在二元经济结构的国家里，由于传统农业部门存在大量的低收入劳动力，劳动力供给基本具有完全的弹性，只要工业部门愿意支付与维持传统农业生产部门相同或略高的工资，就可以获得无限的劳动力供给。随后，费景汉（John Fei）和拉尼斯（Rnais）补充和修正了刘易斯的二元经济结构模型，形成了"刘易斯—拉尼斯—费景汉"模型。费景汉、拉尼斯更加详尽地论述了在经济结构转换过程中就业结构的转换条件和阶段，他们重视人口增长因素的影响，提出了部门间均衡发展的思想，并把农村剩余劳动力转移到工业部门的实现过程由一种无阻碍过程发展为一种可能受阻的三阶段实现过程，进而丰富了农业部门剩余劳动力理论的内容。乔根森（Jorgenson）提出了具有古典经济学思想的二元经济模型，他从新的视角和新的假设出发，考察了城乡人口迁移对刘易斯二元结构模型的影响，深刻反思了劳动力无限供给的各种假设，他认为农业并不存在边际生产率为零的剩余劳动力，认为农业与工业的工资水平并不是固定不变的。他指出农业剩余劳动力向非农业部门转移和流动的根本原因在于消费结构发生了变化，是消费需求拉动经济增长的结果。

托达罗（Todaro）认为人口由农村向城市的迁移，除了取决于城乡实际收入的差异外，还取决于城市就业率的高低，以及由此作出的城乡预期收入差异的大小，因此，解决城镇就业问题的关键还要发展农村经济，提高农民收入，改善农民生活水平。钱纳里还认为，在发达国家的工业化演进过程中，农村劳动力和农业产值向工业转换基本是同步的。但是在发展中国家，普遍先发生产值结构的转换进而导致就业结构的转换。因此，发展中国家的农村剩余劳动力首先被劳动密集、技术欠发达的工业部门所吸收，当就业结构不合理引致摩擦性失业时，技术先进的现代工业部门才继续吸收过量劳动力。经济发展达到"刘易斯转折点"时，发展中国家的工业比重虽然已经占据主导地位，但是技术水平和劳动生产率并没有达到与工业化水平相匹配的程度。也就是说，当产业结构转换过程经过"刘易斯转折点"即工业化完成一半时，经济发展开始向第二阶段过渡，这时虽然不再存在二元经济结构，经济转换结束，工业化进程加速推进，但是就业结构的转换还没有实现，这对解决发展中国家城乡结构性失业问题具有重要的现实意义。

三　非均衡增长论

非均衡增长理论在某种程度上是对区域经济理论的补充，主要阐述了区域经济发展中的非均衡问题。代表人物有佩鲁（Perroux）、弗里德曼（Friedman）、缪尔达尔（Gunnar Myrdal）、赫希曼（Hirschman）等。法国经济学家佩鲁（Perroux）在 1955 年第一次提出了增长极理论（Growth Pole Theory）。他认为"增长极"是由主导产业部门的具有创新能力的大企业在某些大城市或地区集聚发展而形成经济活动的中心，就像一个磁场极能产生吸引或辐射的作用一样，吸收相关产业在其周围聚集，进而带动自身及整个地区其他产业部门的经济增长。20 世纪 60 年代，美国著名经济学家、城市规划学家弗里德曼（Friedman）拓展了增长极理论的研究视角，提出了中心—边缘理论，将增长极模式与各种空间发展理论融合起来。他认为中心区通常具有较强的扩散效应与极化效应，中心区自身经济的不断发展与强化，形成对边缘区的支配态势，边缘区经济的发展也会反过来支持中心区经济的繁荣，进而促使中心区和边缘区互相依存机制的形成。弗里德曼进一步深刻地刻画了核心—边缘结构模式。从一般意义上把空间组织分解为四个部分：核心增长区、向上转移地带、向下转移地带、资源边际区。在此基础上，缪尔达尔又提出了"地理上的二元经济结构"理论，又称"循环累积论"。他认为，地理上的二元经济产生的原因在于各地区经济发展的差距性，这种差距的存在是因为"扩散效应"和"极化效应"的存在，而且这种差距的产生会进而引起"累积性因果循环"，使发展快的地区发展更快，发展慢的地区发展更慢，从而逐渐增大地区间的经济差距，形成地区性的二元经济结构。缪尔达尔的极化—扩散原理，运用于城市经济分析，解释了城市的等级扩散现象，即由中心大城市向外扩散总是以不同等级城市体系的"蛙跳"规律进行。此后，著名经济学家赫希曼提出了"非均衡增长"理论。赫希曼指出："在经济发展的高级阶段，引起平衡增长可能性的正是过去不平衡增长的经历"。即赫希曼强调不平衡增长，目的还是要实现更高层次和更高水平的平衡增长，只不过平衡增长是目的，不平衡增长是手段。

第二节　城市化的不同模式

　　城市化模式是在社会、经济结构转变过程中，由城市化动态演进所展现出来的相对静止态和连续变动态的系统结构、动力机制、内容特征的总和。具体的、现实的城市化模式受各国历史文化传统、实行的经济发展战略和经济体制的制约，至于更微观的城市化模式，其影响因素还包括资源、区位、经济实力、各利益集团的地位以及个体偏好等。

一　静态城市化模式

　　静态城市化模式要从单城市的地域结构或多城市之间的结构对城市化模式进行研究，运用的理论主要包括区位理论、结构理论、人口理论。但是由于这些研究的重点落在城市结构，而对城市化的动力机制或动态变化研究不够，所以本书把它们称为静态城市化模式，包括同心圆模式、扇形模式、多核心模式、理想城市模式、区域城市模式和大都市结构模式（见表3-1所示）。

表 3 - 1　　　　　　　　　　　　　　**静态城市化模式**

模式	代表人物	特征
同心圆模式	E. W. 伯吉斯（Burgess） 巴布科克（Babcock）	城市发展模式是以圆心向外围不断扩散的过程；城市主要沿交通主干线分布。
扇形模式	H. 霍伊特（Hoyt）	城市的模式总是从市中心向外沿主要交通干线或沿阻碍最小的路线向外延伸。
多核心模式	C. D. 哈里斯（Harris） E. L. 乌尔曼（Ullman） R. E. 迪肯森（Dickinson） G. E. 埃里科森（Erickson）	越是大城市其核心就越多、越专门化；行业区位、地价房租、集聚利益和扩散效益是导致城市地域模式分异的因素。
理想城市模式	E. J. 塔弗（Taffe） B. J. 加纳（Garner） M. H. 蒂托斯（Teatos）	城市由中央商务区、中心边缘区、中间带、外缘带和近郊区组成。
区域城市模式	L. H. 洛斯乌姆（Russwurm）	城市由城市核心区、城市边缘区、城市影响区和外缘带组成。
大都市结构模式	穆勒（Muller）	城市由衰落的中心城市、内郊区、外郊区和城市边缘区组成。

資料来源：周一星：《城市地理学》，商务印书馆 1995 年版。

第一，同心圆模式。

美国芝加哥大学社会学教授伯吉斯（Bugress）于 1925 年最早提出同心圆城市模式。该理论认为：城市发展模式是从圆心向外围不断扩散的过程。它把城市分为中央商务区（CBD）、居住区和通勤区三个同心圆地带。中央商务区主要由中心商业街、事务所、银行、股票市场、高级购物中心和零售商店组成的城市中心区。居住区分为三个层次，包括穷人居住带、工人居住带和中产阶级居住带。通勤区位于居住环境良好的城郊间，分布着各种低层高级住宅和娱乐设施，高收入阶层往返于通勤区。

很显然，伯吉斯的同心圆模式没有考虑交通线对城市模式的影响。据此，巴布科克（Babcock）于 1932 年对这一理论进行了修正，提出了"轴向—同心圆"模式。该模式认为城市主要沿交通主干线分布，中心区有沿放射干线延伸成星状形态分布的趋势。从实质看，"轴向—同心圆"模式只是同心圆模式沿交通主干线的扭曲变形。伯吉斯和巴布科克的同心圆模式是城市的静态模式，但其提倡的动态研究城市、实证研究方法、注重社会调查为以后的城市化模式研究开了务实之风；另外，同心圆模式的中心观点在于城市人口迁移及其移动导致了城市发展演化，这就要求研究城市化模式不能只停留在物质环境上，还要深入精神领域和生活环境方面。[①]

第二，扇形模式。

美国经济学家 H. 霍伊特（Hoyt）通过对 142 个北美城市房租的研究和城市地价分布的考察得出，高地价地区一般位于城市一侧的一个或两个以上的扇形范围内，并且从市中心向外呈放射状延伸在一定的扇形区域内，呈楔状发展；低地价地区也在某一侧或一定扇面内从中心部向外延伸，扇形内部的地价不随离市中心的距离而变动，据此得出了与巴布科克类似的结论，即城市的模式总是从市中心向外沿主要交通干线或沿阻碍最小的路线向外延伸。他认为：城市地域模式的这种扩展，与其说是同心圆形，还不如说是扇形。霍伊特的扇形理论虽然强调了交通干线对城市地域模式的影响，但仅仅分析了城市结构形态，而忽略了城市以外广大地域的描述。扇形模式与同心圆模式的最大差异在于扇形模式是针对居住用地，而同心圆模式描述的是城市全域，但二者并未全面互相否定，而是相互补充的关系。[②]

---

① 参见周一星《城市地理学》，商务印书馆 1995 年版。
② 同上。

第三，多核心模式。

美国地理学者哈里斯（Harris）等在研究不同类型城市的地域模式时发现，除了 CBD 为大城市的中心外还有支配一定地域的其他中心存在。这些核心的形成与地域分化的原因是以下四个方面及其组合的结果：一是某些活动需要专门性的便利，如零售业地区在通达性最好的地方、工业需要广阔的土地和便利的交通。二是由于同类活动因素集聚效果而集中。三是不同类活动之间可能产生利益冲突。四是某些活动负担不起理想区位的高地价。因此，他们认为越是大城市其核心就越多、越专门化。行业区位、地价房租、集聚利益和扩散效益是导致城市地域模式分异的因素。现代城市正是由于这四种因素的相互作用以及历史遗留习惯和局部地区的特殊性，导致城市地域多核心的产生。多核心模式与前两个模式相比更具现实性。城市的集聚和扩散两种力量相互作用的最后结果通常是复数核心结构。这不仅对单城市的结构模式的研究和规划有启示，而且对多城市（如城市群、都市圈等）的结构模式也有一定的意义。同时，多核心模式与前两个模式是互补的关系。同心圆模式注重城市化的原因，其基本理论是流入城市的移民集团的同化过程；扇形模式注重社会经济地位，焦点是不同地价住宅地区的发展；多核心模式强调不同人口集团经济活动在集聚和扩散两种方式中形成的非匀质的地域结构。因此，三者是互补关系，扇形和多核心模式以同心圆模式为基本，可以说城市结构模式是这三种因素的集合。所以，R. E. 迪肯森（Dickinson）于 1947 年提出城市从市中心向外发展，按中央地带、中间和外缘地带或郊区地带顺序排列，开创了城市边缘区研究的先河；1954 年 G. E. 埃里科森（Erikcsno）又将同心圆模式、扇形模式和多核心模式综合为三地带模式，即城市从市中心的中央商务区呈放射状发展，居住区充填于放射线之间，市区外缘由工业区包围。

第四，理想城市模式。

1963 年 E. J. 塔弗（Taffe）、加纳（Garner）和 M. H. 蒂托斯（Teatos）从城市社会学角度提出了城市理想结构模式。该模式主要由下述五部分组成：一是中央商务区，本区由集中的摩天大楼、银行、保险公司的总办事机构、股票交易市场、百货商店和大量的文化娱乐场所组成。二是中心边缘区，本区由中央商务区向四周延伸，往往由若干扇面组合而成，商业地段工业小区和住宅区分布其间。三是中间带，本区具有混合型社会经济活动特征，由高级单元住宅区、中级单元住宅区和低级单元住宅区组成，且高密度住宅区距中央商务区较近，低密度住宅区分布在其外围。四是外缘带，本区多为城市新区，高耗能、高污染的产业多在此，亦是低收入的工人居住区。五是近郊区，本区由于城市对外高速公路向外围的辐射，便利的交通条件，逐步形成了近郊住宅区、近郊工业区和近郊农牧区。

第五，区域城市模式。

1975 年 L. H. 洛斯乌姆（Russwurm）在研究了城市地区和乡村腹地以后发现，在城市地区和乡村腹地之间存在着一个连续的统一体。其模式包括：第一，城市核心区，这一地区大致包括了相当于城市建成区和城市新区地带的范围。第二，城市边缘区，这一地区位于城市核心区外围，其土地利用已处于农村转变为城市的高级阶段，是城市发展指向性因素集中渗透的地带，也是郊区城市化和乡村城市化地区，由于这一地区是一种特定的社会空间结构实体，因此它已发展成为介于城市和乡村间的连续统一体。第三，城市影响区，这一地区位于城市边缘区外部，从理论上讲，是指城市对其周围地区的投资区位选择、市场分配、产品流通、技术转让、产业扩散等多种经济因素共同作用所波及的最大地域范围。第四，乡村腹地，这一地区位于城市影响区的外围，由一系列乡村组成，他们受周围多个城市中心的作用，与城市没有明显的内在联系。

第六，大都市结构模式。

1981 年穆勒（Muller）在研究了日益郊区化的大都市地区后，提出郊区小城市是一种新因素，代表了郊区范围内的主要核心。他运用范斯（Vance）1977 年提出的城市地域概念，对哈里斯和乌尔曼的多核心理论作了进一步扩展，建立了一种新的大都市城市结构模式。穆勒的大都市城市结构模式由四部分组成：一是衰落的中心城市；二是内郊区；三是外郊区；四是城市边缘区。这一模式与哈里斯—乌尔曼的多核心模式相比，被称为多中心城市模式。在大都市地区，处于衰落的中心城市外，在外郊区正在形成若干个小城市，它们依据自然环境、区域交通网络、经济活动的内部区域化，形成各自特定的城市地域，再由这些特定的城市地域组合成大都市地区。

二　动态城市化模式

动态的城市化模式涉及两个领域，一是单城市或多城市的变化规律，二是城市化的动力机制研究。其主要理论有科曾（Cozne）的周期性模式、埃里科森（Erickson）的要素运动模式、盖伊尔（H. S. Geyer）和康图利（T. M. Kontuly）的差异化城市模式以及霍尔（Hall）的城市发展阶段模式，见表 3 - 2。

表 3－2 动态城市化模式

模式	代表人物	特征
周期性模式	科曾（Cozen）	城市化呈现为加速期、减速期和静止期三阶段的特征。
要素运动模式	埃里科森（Erickson）	城市结构模式的扩展分为三个阶段，即外溢—专业化阶段、分散—多样化阶段、填充—多核化阶段。
差异化城市模式	盖伊尔（H. S. Geyer）康图利（T. M. Kontuly）	差异化城市模式将城市分成三种类型：大城市、中等城市和小城市，并认为大、中、小城市的净迁移量的大小随时间而变化。
城市发展阶段模式	霍尔（P. Hall）克拉森	城市从"年轻的"增长阶段发展到"年老的"稳定和衰落阶段，然后再进入一个新的发展周期。

资料来源：周一星：《城市地理学》，商务印书馆 1995 年版。

第一，周期性模式。

科曾认为，从动态的角度研究城市化模式，城市化呈现为三阶段的特征：第一阶段为加速期，城市多沿交通干线呈放射状快速发展，农业用地向非农业用地转化规模大、速度快，土地开发与投机活动强烈，城市作用力占主导地位；第二阶段为减速期，城市扩展呈环状推进，城市作用力与乡村作用力进入均衡状态；第三阶段为静止期，乡村作用力十分明显，城市边缘区地域范围固定，进入内部填充阶段。

第二，要素运动模式。

埃里科森将城市结构模式的扩展分为三个阶段，即外溢—专业化阶段、分散—多样化阶段、填充—多核化阶段。其中外溢—专业化阶段始于 20 世纪 40 年代以前，在本阶段以城市的各种功能向周围地区溢出形成专业化结构为特征，如在广阔的农村环境中形成单功能的工业区、住宅区等，扩散作用主要发生在城市附近地区，以轴向扩散为主，与市中心联系密切，对市中心的依赖性很强。分散—多样化阶段始于 20 世纪 40 年代，截止于 20 世纪

60 年代末，本阶段以城市边缘区的地域范围迅速膨胀为主要特征。此期间除人口与工业等的扩散外，由于私人小汽车的发展，商业及城市的各项基础设施向外延伸十分突出，在轴向扩散的同时，进入圈层扩散阶段。填充—多核化阶段始于 20 世纪 60 年代，以城市边缘区演变为新的城市发展特征。在本阶段中，城市的各项要素与功能的扩散依然迅猛，但地域扩展进入相对静止稳定阶段。在伸展轴和环形通道之间存在着大片为快速增长时期所忽略的未开发土地。为了节约成本，充分利用公共交通系统，城市开发多在放射线和环形交通网之间进行，于是，一些具有特殊优势的区位点会吸引更多的人口与产业活动，形成城市边缘区的次一级中心，城市呈现多核化状态。

第三，差异化城市模式。

差异化城市模式的代表人物是盖伊尔（H. S. Geyer）和康图利（T. M. Kontuly），这一模式引入了里查森（H. W. Richardson）在 1977 年创造的"极化逆转"的概念，从人口净迁移量的角度对城市的演变模式进行了解释。差异化城市模式把城市划分为三种类型：大城市、中等城市和小城市，认为大、中、小城市的人口净迁移量的大小随着时间的变化而变化，根据这种变化将城市发展分为三个阶段：第一阶段是大城市阶段，即"城市化"阶段，在这一阶段里，大多数移民集中往大城市迁移，大城市的净迁移量最大，大城市增长明显快于中小城市；第二阶段是极化逆转阶段，在这个过渡阶段里，中等城市由人口迁移而引起的人口增长率开始超过大城市，中等城市迅速发展起来；第三阶段是逆城市化阶段，在该阶段里，小城市的人口迁移增长又超过了中等城市，小城市得到发展。三个发展阶段结束后，即结束了一个城市发展周期，而第二个周期的发展依旧会遵循第一周期的发展规律，周而复始。

第四，城市发展阶段模式。

霍尔（Hall）于 1971 年首先提出了城市发展阶段模式，后来克拉森等人在 1981 年修正了此模式。该模式认为城市是有生命周期的，在城市的生命周期中，一个城市逐渐从"年轻的"增长阶段发展到稳定和衰落的"年老的"阶段，然后再进入下一个生命周期中。城市发展阶段模式也是将城市划分为中心地区和周围地区两部分，并模拟两个地区的人口增长。该模式根据整个城市地区人口数量的增减以及中心地区和周围地区人口增长的快慢，将城市划分为城市化、郊区化、逆城市化和再城市化四个阶段；然后再依据中心城区和周围地区人口增长率以及上升和下降的转折点，把每一个阶段再一分为二，从而将城市发展划分成了八个小阶段。

三　西方城市化理论对我国的适用性

虽然静态的城市发展理论与动态的城市发展理论从不同角度对城市化的发展过程进行了较为丰富完整的阐释，但无论是静态的还是动态的城市发展模式，其理论体系中都存在着欠缺的地方，或多或少出现了部分问题。

第一，对城市化演进的动力机制没有进行深入研究。

国外城市发展模式的研究，主要是从单个城市的地域结构或多城市之间的层次结构关系进行的，而忽略了城市化过程中动力机制的研究。有的国家（如欧美等先发国家）城市化的动力机制在于产业结构和市场机制的不断完善，社会分工、工业发展和市场细化一起构成了城市发展的驱动力。有的国家的城市化动力则来自政府的推动力量（如一些亚洲国家），政府作为一个指导社会和经济运行的政策机构，在其中所起的推动作用是无可替代的，政府通过采取非市场化的操作方式来加速城市化的跨越式发展；

动态城市发展模式虽然从单个城市或多城市的变化规律及其动力机制方面对城市化的发展进行了研究，但这一理论对城市结构却没有予以足够的重视。

第二，对城市化模式的制度创新研究较少。

国外已有的有关城市化模式的研究，大都只注重从空间布局角度对城市化的发展模式进行阐述，却忽略了制度因素对城市化模式发展的影响。不论是静态还是动态城市化发展模式，在研究城市化的发展过程中，多从城市空间布局、城市内部格局的演变角度出发，以城市经济的形成原因和中心城市的重要性为切入点，系统地描述了城市空间分布的演变规律和要素流动的方向，而对影响城市化过程的制度要素研究不够深入和具体，仅有的少数制度要素的研究也基本集中在影响城乡人口流动的制度要素上。城市化是一个包含众多演进过程的综合概念，所以，对城市化模式的发展进行研究时也应该将制度安排包括在内。

第三，对城乡接合部的研究有所忽视。

由于国外经济发展的渐进性和城市发展的特殊性，国外的研究大多只注重对大城市或农村的孤立研究。他们将城乡分割开来作为独立的要素个体进行分别研究。但是，城市化过程是一个由农转向非农的过程，在这一过程的转变中必然会有一个衔接地带，即城乡接合部，它所处的地理位置和职能上都有其特殊性，是连接农村与城市的桥梁。就国外目前已有的文献来看，对这个特殊地带的研究并不深入。

第三节　中国特色的城镇化理论

通常理解，城镇化也就是城市化，是指伴随着工业化进程的推进和社会经济的发展，人类社会活动中农业活动的比重下降，非农业活动的比重上升的过程，与这种经济结构变动相适应，乡村人口与城镇人口此消彼长，同时居民点的建设等物质表象和居民的生活方式向城镇型转化并稳定，这样的一个系统性过程被称为城镇化过程。一般城镇化水平的大小是以都市人口占全国人口的比例来评定，数值越高，城镇化水平越高。但是我国的城镇化概念与传统意义上的城市化还是有所不同的。

一　城镇化的提出

城镇化是一个历史范畴，同时，它也是一个发展中的概念。中共第十五届四中全会通过的《关于制定国民经济和社会发展第十个五年计划的建议》正式采用了城镇化一词。这是近 50 年来中国首次在最高官方文件中使用"城镇化"。"城镇化"一词出现很显然要晚于"城市化"，这是我国学者根据具体国情在原有城市化战略的基础上创新的概念。1991 年，辜胜阻在《非农化与城镇化研究》中使用并拓展了"城镇化"的概念，在后来的研究中，他力推中国的城镇化概念，并获得一批颇有见解、影响较广的研究成果。与城市化的概念一样，城镇化概念也是百家争鸣，至今尚无统一的定义。不过，就数量看，对城镇化概念的论述要少于城市化。据粗略估计，近五年来，关于城镇化的概念，至少在 20 种以上。具有代表性的并符合中国西部地区现实的观点是城镇化是由农业人口占很大比重的传统农业社会向非农业人口占多数的现代文明社会转变的历史过程，是衡量现代化过程的重要标志。

二　城镇化的特征

城镇化的核心特征是人口就业结构、经济产业结构的转化过程和城乡空间社区结构的变迁过程。城镇化的本质特征主要体现在三个方面：一是农村人口在空间上的转换；二是非农产业向城镇聚集；三是农业劳动力向非农业劳动力转移。对城镇化的特征，可以从不同的角度进行分析，这对进一步理解其本质特征是有益无害的。

从农村城镇化的角度而言，城镇化具有四个方面的特征：一是时间特征，表现为过程和阶段的统一，以渐进为主；二是空间特征，表现为城镇结合，以镇为主；三是就业特征，表现为亦工亦农，非农为主；四是生活方式特征，表现为亦土亦“洋”，以“洋”为主，亦新亦旧，以新为主。从世界城镇化发展类型看可分为发达型城镇化与发展型城镇化，其特点是不一样的。包括重庆在内的中国西部均属发展型城镇化。发展型城镇化有五个特点：一是城镇化原始积累主要来自农业；二是城镇化偏重于发展第二产业，而非发展第三产业；三是城镇化具有明显的二元结构；四是城镇化的动力机制主要是推力而非拉力；五是城镇化中城市贫民占有很大比重。

三　我国的城镇化

城镇化是人类文明进步和经济社会发展的大趋势，是落后的农业国向现代化工业国转变的必由之路。从国际的普遍经验来看，城镇化是与人的发展水平密切联系的。世界171个国家（地区）的人类发展指数与城镇化率之间直接展现出正向关系。在78个高人类发展指数的国家和地区中（人类发展指数不低于0.8），有72个国家（地区）的城市化率在50%以上，只有不到10%的高人类发展指数的国家（地区）的城市化率低于50%。另外，在城市化率超过60%的77个国家（地区）中，只有两个国家的人类发展指数低于 0.7 （中等偏下人类发展水平）。

　　十六大以来，我国城镇化发展迅速，2002—2011 年，我国城镇化率以每年平均 1.35 个百分点的速度增长，城镇人口平均每年增长 2096 万人。2012 年 8 月 17 日国家统计局发布报告显示，十六大以来我国人口总量低速平稳增长，人口生育继续稳定在低水平，人口文化素质不断改善，城镇化水平进一步提高，人口婚姻、家庭状况保持稳定。报告显示，2011 年城镇化率达 51.27%。

　　60 年的城镇化发展，摸索出了一条适合中国国情的城镇化之路，在一个农业分量很重、正在加速工业化的大国，如何发展城镇化，是一个没有任何先例可循的全新事业。60 年间，我们根据自己的国情，走出了一条大中小城市与小城镇协调发展的道路。60 年前刚刚成立的新中国，面对积贫积弱的局面，首先升腾起的是工业化的梦想。正是工业化的发展，带动着城镇化的进程。第一个五年计划 156 项重大项目带动了城镇快速发展，城镇化水平提高了 5 个百分点。而在改革开放后，城镇化的步伐明显加速，关于城镇化路径的选择也成为议论的焦点。

第四章

世界主要国家工业化经验

回顾经济史的相关研究，工业化的历程基于各国不同国情有着不同的路径。工业化的发展是多种因素耦合作用的结果。各国基于其独特的历史文化制度以及特有的政治体制安排，其工业化路径也是不同的。尤其需要指出的，工业化作为一个时代的特征，很多时候又是科技创新的一个结果，科技创新具有一定的偶然性，因此工业化道路自然各有不同。在此我们从工业化原发国家英国开始进行回顾，从而为分析我国的新型工业化道路奠定基础。

第一节　英国的工业化进程

一　英国的原工业化进程

在工业革命之前，英国北部和西部尤其是米德兰地区，首先出现了原工业化的进程。这一地区由于粮食的劳动生产率低，转向发展专门的畜牧业生产，由此开展了圈地运动，耕地变为专门的牧场，产生了大批的失地或就业不足的农村闲置劳动力，他们被迫开始家庭工业作业，以求生存，为专业化技术分工的出现创立了有利条件，这是原工业化兴起的基本要素。

原工业化的持续发展，必须以广阔的市场需求为支撑。首先，英国逐步建立起相对完善的国内市场网络，促进商品的流通和交易成本的降低。17世纪，威尔士和英格兰大约有800个城镇市场，形成密集的城镇市场体系，创造了良好的国内市场环境，为农村家庭工业的发展提供了有利依托，并且当时缺乏激烈的市场竞争和资本主义压力的骚扰，乡村制造业得以稳定的发展。其次，新大陆的发现拓展了海外市场，创造了几乎无尽的市场需求。从16世纪到工业革命以前，英国有超过60%的呢绒纺织品和50%以上的棉织品用于出口，出现了专门从事生产出口产品的原工业化地区，对外贸易在英国的原工业化进程中开始扮演重要角色，极大地推进了原工业化的进程。对外贸易的发展，也刺激了竞争的产生，英国产品在海外市场上不断扩张，在国内市场上，加强了竞争机制的作用，农村工业商品逐渐优胜劣汰，在具有竞争优势的地区，由以家庭作业为起点的原工业化初始阶段成功进入了以工厂作业为特征的工业发展第二阶段。①

英国原工业化的发展为工业化进程提供了前提条件。原工业化的发展积累了工业化发展的初始资金，培养了首批资本家和具有一技之长的技术熟练工人；原工业化阶段的农业生产专业化，形成了工业区与农业区的分工，建立了两者之间的共生关系；形成于原工业化过程的国内和海外市场网络得到迅速发展；原工业化时期初步形成私有财产权，加速了传统意识形态和社会制度的瓦解。但是原工业化向工业化的过渡是一个复杂的进程，有些地区由于没有形成有利于分工和产业化发展的客观条件，非但没有实现工厂制的工业化转型，反而倒退到以农业为主的经济。

---

① 王加丰、张卫良：《西欧原工业化的兴起》，中国社会科学出版社2004年版，第191页。

二 英国工业革命的发生

工业革命在狭义上一般指发生于 18 世纪后期英国的那场以机器大生产为主要标志的生产方式的变革。以"工业革命"为标志，开始了漫长的近代工业化的历程。16 世纪中期，大不列颠的树林变得稀少，木材价格上涨，使英国不得不将烧煤作为新的选择；同时英国河流的流速很慢，要想推动水轮运转必须修建很长的水渠，使英国的动力成本高于欧洲大陆，这种劣势激发了英国研究蒸汽动力的积极性。[1] 同时，首先迈进工业革命门槛的棉纺织业发展迅速，工业规模越来越大，新纺机的出现更是加剧了这一产业的急剧增长。棉纺织业的发展使得新的动力来源变得急切起来，蒸汽机就在这样的背景下应运而生。蒸汽机的发明是工业革命最具决定意义的重大事件，它的使用不必像水那样取决于当地资源和位置等绝对条件的约束，解放了压在大工业生产上的自然力的束缚，使得建立拥有大量工人与机器设备的现代大规模工厂变为一种可能。[2] 蒸汽机虽然没有创造大工业，但却为大工业提供了在那个时代几乎没有限制的动力来源，并使得大工业具有统一性，强化了各种工业之间的相互依赖关系。[3]

工业革命为什么发生在欧洲的英国，是历史学家和经济学家长期以来争论不休的话题。总结起来，主要有以下五种代表性的观点：

一是农业革命观点。农业生产效率的增长和收入水平的相对

---

① ［法］布罗代尔：《15 至 18 世纪的物质文明、经济和资本主义》第 3 卷，顾良、施康强译，生活·读书·新知三联书店 2001 年版，第 640 页。

② ［法］保尔·芒图：《十八世纪的产业革命》，杨人楩等译，商务印书馆 1983 年版，第 147 页。

③ 同上书，第 270 页。

低下是显而易见的。粮食生产效率的提高将农村大量劳动力解放出来，用于工业和服务业生产。18世纪，英格兰盛行圈地，土地的主人而非皇家对圈地有使用自主权，掌握着该土地上的矿物资源。在市场意识和利益意识浓厚的社会环境下，农业社团便就此出现。农业革命的发展为英国其他服务业，尤其是水陆交通运输业的发展和出现创造了有利条件。新道路和新运河的开通，将市场和生产的联系紧密起来，为劳动分工提供了方便，而这些道路和运河在早期都是由私人企业主利益最大化的需要自主兴建的。因此，保尔·贝洛什认为，农业革命是工业革命起动的先决因素，正如比赛的开球一般。①

二是机器发明观点。在工业革命早期，机器发明无疑是那个时代的奇迹。恩格斯认为机器发明本身就是工业革命的重要动因。机器的出现创造了人力和畜力劳动所无法比拟的生产力，极大地提高了劳动生产率。然而，机器发明说肯定技术发明的同时，并不否定文化发展的必然性和其他推动经济发展的因素。

三是市场推动观点。英国不断发展的国内市场和不断成长的海外市场是工业革命发生的主要原因，而纺织、钢铁和蒸汽动力方面的技术进步是以巨大的市场需求为前提的。到18世纪初，英国的商船实力已经超过荷兰，成为海上第一霸主，为国内生产者创造了一个潜力无限的海外需求市场，使英国成为当时世界上最大的出口国家。② 除了巨大的需求市场以外，国际贸易的发展也为英国能够进口质优价廉的原材料提供了条件。英国棉纺织业发展需要的棉花，可以从美国南方种植园大量低价进口。供需的增加，

---

① Paul Bairoch, Révolution industrielle et sous-développement, 1974, p. 73.

② ［美］杰夫·马德里克：《经济为什么增长》，乔江涛译，中信出版社2003年版，第73页。

扩大了市场的容量；这种扩大的市场容量，促进了分工和专业化的发展；而分工的发生则提升了生产制造活动的专业化水平，进而促进了供给和需求的扩大。这样贸易与分工专业化便形成了一种相互促进的良性循环。经济社会就在这种良性循环过程中得以发展，并造就了工业史上的第一次革命。

四是制度适应观点。1688 年的英国光荣革命确立了君主立宪制的政治体制，在欧洲大陆上，英国首先具有了政治自由，英国社会比较宽松，在当时几乎是世界上最自由的国家，英国人在某种程度上可以说生来就具有独立自主权利。① 宽松的政治和社会体制使英国具备了适合追求物质进步和社会总体致富的基本条件：保护私有财产，鼓励投资和储蓄；尊重个人自由，保护独立的个体既不受暴政的苛待，也不受私人的无理骚扰；提供廉洁、稳健、民主的行政管理，创造一个低赋税的社会环境。在这种新的社会秩序下，英国成为第一个工业化的国家并非巧合。② 此外，在允许外国人入境问题上，英国也持有一种更为包容的态度，这也为其引入外来技术进步提供了方便。

五是企业家创新精神观点。企业家的创新精神不仅推动了英国工业革命的发生，而且推动了世界的技术进步和经济变革。蒸汽机的成功得益于企业家马修·博尔顿和约翰·罗巴克的支持。③ 这些企业家敏感地想出这些发明的应用，目光远大，对交易和工业的认识深邃，使得英国不仅首先发生了工业革命，并且可以稳坐世界经济帝国的宝座长达百年之久。他们作为"创新者"，用机

---

① 《马克思恩格斯全集》第 1 卷，人民出版社 1965 年版，第 678—679 页。

② ［美］戴维·S. 兰德斯：《国富国穷》，门洪华等译，新华出版社 2001 年版，第 301—305 页。

③ ［法］保尔·芒图：《十八世纪的产业革命》，杨人楩等译，商务印书馆 1983 年版，第 258 页。

器生产取代手工劳动，将工厂制度取代庄园组织，使用契约形式取代人身依附，开辟了工业革命的新时代。

对于工业革命率先发生在英国始终没有一个统一的认识，透过上述各种观点，本书基本可以认为，英国工业革命的发生并非纯属巧合，而是各种因素共同作用的结果。工业革命的发生在英国的工业化进程中是浓墨重彩的一笔。

三　英国工业化的影响因素

英国的工业化进程是众多历史因素联结在一起，逐渐形成的一种发展趋势。在西欧，英国首先具备了启动工业化变迁的前提条件：内战后形成稳定的政治体制，社会协调，国内贸易自由，较早便形成了国内市场；农业革命起步早，土地和劳动力商品化程度高，最早出现了农村手工业；资源丰富，提供了早期工业化所需的煤、铁资源；传统政治体制并不根深蒂固，土地贵族势力衰弱较早，王权政治受到资产阶级革命的限制；社会内部关系融洽，市民阶层兴起，社会分化明显，地主与商人关系和谐；鼓励创新，科学技术在欧洲具有领先水平；国家主权独立自主，脱离了罗马教廷的统治，经济上不依赖国外。[①] 正是这些天时、地利、人和的优势，使英国具备通向现代化、工业化发展的先机，率先实现了工业化转型的历史性巨变。

在英国工业化的变迁进程中，环境、经济、技术、政治、制度和文化多种因素相互作用，共同推动了分工的不断深化，构建了复杂的社会文明演进系统。在早期的社会文明中，经济结构的选择在很大程度上取决于生态环境。马克思指出："当社会生产力

---

① 罗荣渠：《现代化新论》，商务印书馆 2004 年版，第 139 页。

发展到一定程度时，地理条件和生态环境的差异会形成自然产品的多样性，促使了资本主义生产方式和分工的出现。"[1] 随着社会生产力的不断发展，地理条件和生态环境对经济的影响也在不断变化。在文明初期，生活资料的自然富集具有决定性的意义，而到较高的发展时期，劳动资料的自然富源就具有决定的意义。[2] 环境特征决定了社会生产力的发展，而社会生产力的发展又对经济关系和与之相适应的经济结构具有决定作用。在煤、铁资源丰富，劳动力供给缺乏、海上交通便利的地理条件和环境下，英国的工业化进程中保持了节省劳动力、消耗资源的发展模式，走上了机器大生产和殖民扩张的工业化道路。

环境因素无疑只是影响英国工业化进程的一个构成因素，但是其对经济结构、技术选择、政治结构和社会制度具有重要的影响作用。在工业化进程早期，贸易利益和专业分工对经济发展中起重要作用，但是交通条件的改善和国内市场的蓬勃发展则对技术转型具有后续推动力。英国由于森林大量被采伐致使作为燃料的木材价格上涨，由此触发了英国采用以煤作为燃料的更有效率的新技术。技术的进步又反馈到改善交通工具和交通条件上，使专业分工的深化和国内外贸易的扩大成为可能。

在英国的工业化进程中，相对自由的议会政治对改革产生了促进作用，从而出现了新的政治和经济制度。王室财政与国家财政是相互独立的，不能肆意掠夺国人的私有财产。大西洋的贸易消灭了社会等级制度的桎梏，一般人都可以分享贸易利益，而不必担心好处被国家剥削占有，所有人都有成为成功企业家的可能。这种自由平等的社会体制促进了经济发展，加速了贸易的发

①　《资本论》第 1 卷，《马克思恩格斯全集》第 23 卷，人民出版社 1958 年版，第 390 页。

②　同上书，第 560 页。

展，深化了分工的演进，进而使得整个社会富裕起来。与英国同样从事大西洋贸易的西班牙，由于王世权力和专制政治的盘剥和制约，社会等级制度不可逾越，贸易好处由王室独占，一般百姓难以成为成功商人而跻身上流社会，最终也不能形成制度创新，因而也就不能发生促进经济发展的良性循环。这一对比很好地佐证了新的经济和政治制度在工业化进程中所扮演的重要角色。

四　英国工业化进程中的政策转型

英国经历"工业革命"的巨变以后，成为一方经济霸主，其工业发展也从国内市场扩大到国际市场。到 19 世纪中叶，不仅生产的一半以上商品要销往国外市场，其生产原材料和消费的粮食也需要从国外市场上获得，因此原来的重商主义政策不再适应新的经济发展方式，关税保护政策抑制了海外扩张和工业化的迅速发展。在此背景下，英国政府从 19 世纪初起，逐步放开了关税政策，取而代之的是自由贸易政策。

英国在工业化进程中一直存在着保护与自由两种政策选择倾向。在工业革命前期，由于英国的工业化生产还没有形成优于欧洲其他国家的显著优势，保护主义在此时居于主导地位。这种保护主义政策表现在航海条例和其他重商主义措施上，但是其反对呼声日益高涨，1688 年，英国成立贸易委员会来抗衡保护主义政策；1713 年，托利党在哈利和圣·约翰的领导下，对重商主义制度发动了直接攻击，只不过这一攻击最终以失败宣告破产。托利党失败以后，随后上台的辉格党继续坚持并严格执行贸易保护主义方针。直到 19 世纪 20 年代，皮特的减少和降低关税的有关政策才宣告恢复。这段时间，虽然历届政府都有支持自由贸易的呼声出现，但是在大革命发展到鼎盛期之前，自由贸易制度都没有在英国正式建立起来。①

18 世纪重商主义政策的胜利，催生了英国工业品输出和原料输入的不平等殖民地贸易。"乌得勒支条约"使英国的殖民地势力大大加强，有助于建立第一殖民帝国的地位，但是后来它也成为其毁灭的部分原因。在经济自由主义发展的进程中，政府扮演着重要角色，甚至起到决定作用。在当时的历史条件下，政府通过国家威信力和强制力，将束缚在工商业活动上的枷锁除去，并采取有效政策保证工商业者可以安享成功；同时，亦使他们明确地知道，他们失败时不要期望可以得到援助，这种激励与压力并存的政策，提高了工商业者的积极性，政策的正面作用一直得到认可。②

英国对自由主义政策的舆论支持力度远远强于同时代的任何其他国家。熊彼特对于自由贸易一直持支持和肯定的态度，他认为自由贸易不仅是经济上的必须，同时也是政治上的必须，自由贸易政策是其他很多政策得以实施的重要前提。他提出：经济政策实际上可以决定某些具有更广泛意义和性质的东西，国内与国际经济生活联结在一起可以反映一种对外的政治政策。自由贸易政策与殖民政策对于我们国家的经济发展来讲，是具有同样意义的。③ 但是政府在倾向于自由贸易时，英国基本已处于世界工业的霸主地位。而此前，在重商主义政策的指导下，英国政府采取各种保护性措施来维护本国经济的发展。亚当·斯密认为自由制度的确立，促进了英国的工业化进程。"一切限制或特惠制度，一经

---

① ［美］约瑟夫·熊彼特：《经济分析史》第 1 卷，朱泱译，商务印书馆 2001 年版，第 564 页。

② 同上书，第 33 页。

③ ［美］约瑟夫·熊彼特：《经济分析史》第 2 卷，朱泱译，商务印书馆 2001 年版，第 35 页。

废除，简单的自由经济制度自然而然就会确立起来。"① 英国当时采取保护主义政策，也是为了保护本国的幼稚产业，为本国制造业的发展创造本土市场优势。因此，在英国工业革命早期和工业化的兴起，重商主义政策是英国经济政策的主基调，英国政府也是依靠某种程度的保护性政策来推进工业化的进程的。

随着英国经济霸主地位的日益稳定，主张自由贸易的呼声愈来愈高，各种转向自由贸易的努力得以由舆论支持变为付诸实践。随着在英国最先进行大机器生产的纺织行业规模的越来越大，机械生产商也想从对外贸易中获利，于是他们不满足于仅仅出口纺织产品，希望国家放宽直至取消对机械出口的限制，并为此而不断斗争。1828 年，自由贸易主义者、贸易委员会主席威廉放宽了对机械出口的相关限制；1843 年，对机械产品出口的限制基本被完全取消。英国政府对外贸易政策的放松极大地刺激了英国经济的发展，改良的蒸汽机开始运用到铁路行业上，有头脑的资本家和机车制造商很快将这种新应用带出英国，使得铁路业几乎在世界范围内发展起来。19 世纪 40 年代，英国取消了六百多种关税，自由贸易政策取得实质性进展。19 世纪 50—60 年代，英国对商业的狂热情绪提高了他们对于自由贸易的忠诚度，他们一致认为自由贸易政策刺激了国内的经济发展，而不是破坏了本土企业的生存空间。②

英国自由贸易政策不仅局限在工业、农业领域，而且在财政、金融领域也有明显体现。格拉德斯通推行了放任主义的低税赋财

---

① ［英］亚当·斯密：《国民财富的性质和原因的研究》下卷，郭大力、王亚南译，商务印书馆 1974 年版，第 253 页。

② ［美］查尔斯·P. 金德尔伯格：《世界经济霸权 1500—1990》，高祖贵译，商务印书馆 2003 年版，第 214 页。

政制度，紧缩财政开支，消除政府对私人活动的财政障碍。他认为利润动机是经济进步的推动力，税收要尽可能少地干预企业的正常经营，使经济尽可能地在无税收轨道上运行。他主张的是平衡预算的财政政策。① 在金融领域，英国纺织业规模不断扩大、蒸汽机运用于铁路行业和海上运输业，这种新技术的应用催生了新的工业，资本家需要获得更多的资金，他们将利润进行再投资。很多私人企业家为获得企业运营或扩大企业规模所需要的资本而发售股票，由此成为上市公司。国内蓬勃发展的经济使得资本家获得的丰厚利润需要新的投资途径，于是有很多资金在国际市场上流动。英国的金融市场和国际市场的联系性越来越强，金融产品的价格也开始出现国际性的传导与波动。② 从 1870 年到第一次世界大战，英镑成为世界贸易的主要支付货币，英国确立了本国国际金融中心的地位，并引领世界贸易自由发展。

英国自由放任政策与英国的工业化进程有着不可分割的相互关联性。首先，英国工业的繁荣迫切需要国际市场上原材料的供应和本国产品走向国际市场，而单纯的殖民地贸易已经不能满足英国蓬勃的经济发展的需求了；其次，自由贸易政策适应了英国工业化大生产的生产方式，推进了英国的工业化进程。当然，自由贸易并不是万能的灵丹妙药，但是英国政府政策在其工业化进程的正面作用是值得后发工业国家借鉴的：即为经济运行创造良好的经济空间和外部环境，不过分干预经济活动的具体细节，而是扫清经济发展的外部障碍和不利因素，激励经济活动主体沿着

---

① ［美］约瑟夫·熊彼特：《经济分析史》第 2 卷，朱泱译，商务印书馆 2001 年版，第 44 页。

② ［美］查尔斯·P. 金德尔伯格：《世界经济霸权 1500—1990》，高祖贵译，商务印书馆 2003 年版，第 219—220 页。

经济发展的趋势，向着利益最大化的方向努力。

第二节 西欧其他国家的工业化演进

继英国步入工业革命，开启了工业化的进程以后，欧洲诸国紧随其后，首先是法国，随之是德国和比利时。欧洲诸国步入工业革命的初始条件大致相同：拥有一定的经济和社会基础，英国工业革命的科技成果和人类改造自然的巨大能力，但是各国的工业化进程不尽相同。

一 法国的工业化进程

法国是第一个效仿英国的国家。法国经过大革命的洗礼，传播了资产阶级的民主自由思想，走上了资产阶级发展的道路。由于历史原因，法国的劳动生产率与相邻国家相比一直较低，在看到英国工业革命对社会经济造成的巨变以后，决定效仿其走上工业发展的道路。法国工业革命与其他国家最大的不同就是发展速度缓慢，也没有推动法国工业化有突飞猛进的阶段，在整个 19 世纪，法国经济一直处在一个平稳缓慢的增长过程中，工业化进程也在缓缓推进，终于在 20 世纪与其他工业化国家一样，保持了工业强国的地位。

法国工业化进程的缓慢性和渐进性与其特殊的经济条件和历史条件是分不开的。历史上，法国农民人身相对自由，加上历届政府都支持小农经济的发展，使得法国农业比重相对过高，工业与农业呈一种平衡发展的模式。法国资源不如英国丰富，尤其缺乏作为燃料的煤，使得法国不能像英国那样，快速地进入工业化的进程。但是法国的人力资源相对丰富，农民也有较大的人身自由，所以法国选择了劳动密集型产品的生产，这也在一定程度上决定了法国的工业化进程不是一蹴而就的，而是渐进地缓慢地进行的。

　　作为较早实行工业化的国家之一，法国政府对经济活动的干预力度比较大。虽然当时资产阶级自由思想已经深入人心，但是国家依旧在法国的工业化进程中扮演了组织者的角色，这也与法国的国家体制密切相关。从原工业化时期起，法国政府就积极干预工业发展。路易十四时期，法国政府推行重商主义，鼓励发展制造业，推动法国建立了手工工场，18世纪后半叶，国家在继续干预工业发展的同时，自由贸易主义倾向也开始影响法国的政府行为。18世纪末，法国由于战乱，社会不安定，经济发展动荡，政府理所当然地在19世纪继续推行干预经济的政策，国家对经济的这种干预实际上是法国中央集权统治制度的路径依赖。大革命和拿破仑统一以后，法国政府对民族幼稚工业实施保护措施，国家干预基本贯穿于法国的整个工业化进程之中。

二　德国的工业化进程

　　德国的工业化进程与法国的渐进式缓慢发展明显不同，发展迅速和政治依赖性是其显著特点。19世纪30年代，德国开始步入工业发展的道路，纺织业最先进行工业化生产，成为德国当时最先进的部门。德意志联邦共和国之间的关税同盟、产业政策和德国铁路系统方面的优势为德国五六十年代工业进程的跃进铺平了道路，大工厂工业在这段时间确立起来了，这对德国的工业化进程具有决定性意义。到1890年，德国的工业化进程迅猛推进，成为英国强有力的竞争对手。军国主义传统使重工业发展在德国的工业化进程中，起了很大推进作用。1913年，德国钢铁产量占到世界钢铁产量的24%，重工业部门的工人比重占到54.5%，德国强有力的重工业发展使英国人感到深深的不安。到第一次世界大战爆发之前，德国就已经建立起了比较完善的技术先进的工业体系。

德国在工业化进程中也面临着政策选择的问题。针对当时的情况，李斯特以比较利益作为理论依据对自由贸易主张进行攻击，提出了贸易保护的主张。他认为政策的提出应以国家利益为前提，各国追求独立与保护的选择是国际竞争的自然结果。① 李斯特考虑到德国工业体系不发达、政治体系不健全的现实情况，提出把贸易保护作为发展国内经济、提高国家竞争力的良药。李斯特本身并不是根本的自由贸易反对者，他只是认为贸易保护是后发国家工业化进程中的一个必经过程。当德国的国家竞争力和国民财富已经达到相当的程度以后，就可以逐步恢复贸易自由，在国内外市场与其他国家公平竞争，以使国内工商业者可以时刻感受到国际同行的竞争压力，时刻保持前进的斗志，最终使国家努力保住已经取得的优势地位。②

工业化从英国扩散到欧洲大陆是一个缓慢的过程，扩散过程中遇到的最大障碍是很多国家缺乏将不断变化的技术运用到国内的灵活性。要想成功实现工业化，就必须有技术革新、资本原始积累、社会体制和政治体制的创新等相关条件。但是一国历史遗留的问题和体制的惯性，使得工业化的迅速推进并不现实。因此，"工业化的扩散必然是一个缓慢的过程"。③

---

① ［德］弗里德里希·李斯特：《政治经济学的国民体系》，陈万煦译，商务印书馆 1961 年版，第 104 页。

② 同上书，第 105 页。

③ ［澳］A. G. 肯伍德、A. L. 洛赫德：《国际经济的成长：1820—1990》，王春法译，经济科学出版社 1996 年版，第 124 页。

第三节　美国的工业化演进

一　美国工业化的演进历程

美国作为一个后发工业化国家，凭借其广阔的地域和丰富的资源，加之吸收英国的科技成果和成功经验，演化成为一个工业化国家似乎顺理成章，但是其工业化的进程并非如此顺利。美国在独立时还只是一个落后的农业国家，经过一个多世纪的努力，美国后来居上，到1914年，拥有了世界40%的制造力，一跃成为世界工业的领军国家。

1789—1820年是美国制造业的早期努力阶段。美国独立之初，地广人稀，人口不足400万人，城市化水平很低，城市人口数量更是少之又少，没有一个达到5万人的大城市，超过5000人的中型城市仅有7个，超过2500人的中小城市也不过12个，剩余的370万人都分布在广袤的农村地区。当时，美国国内市场狭小而分散，农村家庭制造业遍布各地，产出水平低，成本高于欧洲国家的成熟产品，市场出售的大部分商品都是从英国进口，只有那些依靠当地资源进行生产的制造业才可以缓慢发展。1807年，杰弗逊出于政治考虑，颁布了禁运法令，这为美国纺织品行业的发展创造了机遇，制造业开始迅速扩张。好景不长，在1814—1816年的和平时期，美国国内制造业又遭遇欧洲商品的挤压，困难重重。1816年颁布的关税为那些顽强存活下来的纺织企业提供必要的保护。到19世纪20年代初，这些制造企业初步形成渐进式发展的模式。

1820—1860年美国步入了工业化时代。美国制造业从19世纪20年代开始高效、专业化和本土化地快速扩张，到1860年，美国稳定建立了以要素禀赋为基础的制造业国家的基础地位。当时，美国的制造业部门主要有两大类，一类是散布全国各地的资源密集型制造业（如木材、造酒、面粉等），一类是在美国东北部高度本土化的纺织、制鞋、皮革和机械制造业。显然，第二类制造业更能够展示美国的制造业实力，能够更真实地反映美国制造业的发展前景。在美国制造业快速扩张的过程中，纺织业发挥了至关重要的作用，尤其是在 19 世纪 20—30 年代间，纺织业通过前后向关联作用，带动了棉织品、毛织业、服装业和制造业的发展。从前向关联来看，棉纺织业的发展推动了最终消费品制造业的扩张，特别是在新型缝纫机的出现后，服装行业由此时兴起来。从后向关联看，纺织业规模的扩大，直接导致纺织机械制造业从一个有许多小制造厂形成的地方性企业演变成为一个专业化、规模不断增大的工业部门。[①] 随着市场的不断发展，机械制造业日益分化成更加专业的设备生产行业。

美国国内市场规模的扩大对东北部工业发展的成功起到重要作用。正是由于国内市场规模扩大，使工业的本土化扩张变为可能，同时也使企业规模扩大、专业化分工深化、生产方法标准化等成为可能，而规模效益和标准化生产又降低了产品的单位成本，增加本土产品的市场竞争力。这个时期市场规模的扩张起源于跨区区域专业化的发展和贸易的兴起，其中棉花贸易推进了区域专业化的不断发展。自从轧棉机发明以后，南部地区便成为专业化的棉花生产区，而该地区所需的食品、其他消费品和资本品却不能自给自足，南部地区消费品需求的增长，刺激了西部食品行业

①　Gibb. G. S., "The Saco-Lowell Shops, Textile Machinery Building in New England, 1813 – 1849", *Harvard Studies in Business History*, 16, Cambridge: Harvard University Press, 1950, p. 168.

和东北部制造业与服务业的发展。①

美国的工业化进程不是粗暴式的发展资源密集型行业，而是重在提高资源禀赋的质量，使其能够增强本国工业制成品竞争力。因为美国虽然有丰富的物质资源，但是东北部地区的劳动力价格和资本价格与欧洲国家相比过高，仅依靠大规模市场和充裕的生产要素不足以与欧洲国家抗衡。为了提高本土产品的竞争力，有效参与国际竞争，美国必须想方设法提高这些要素的质量和效用，以弥补他们价格相对过高的不足。此时，美国的创新精神就发挥了巨大的作用，他们将国外的创新有效地引到国内，并与国内的就业现实相适应；大范围开发节约劳动力的制造技术，尽可能地用机器设备代替人工劳动力；通过广泛地改良和使用机械，将非熟练工人从苦工中解放出来，力求劳动力发挥其最大效用；同时通过教育立法和政策引导，普遍提高美国工人的知识和技能水平，这些都为美国制造工业的成功打下了坚实的基础。美国在这段时间，迅速成长为一个利用其资源禀赋进行多种制造生产的国家。②

1860—1914 年，美国确立了工业国的地位。1860 年，美国工业化国家的地位基本确立，此时，美国的制造业还主要局限于消费品和资源密集型行业，但到内战结束时，短短几年时间，美国制造业的比较优势几乎扩散到每个部门中。美国在制造业发展过程中，一直致力于提高劳动效率，来弥补单位劳动成本和资本成本高于其他国家的劣势，最终美国以高效率优势在国际竞争中脱颖而出，确立了工业国的地位。

这段时间，市场规模的扩大是美国工业飞速发展的重要原因。

---

①　［英］M. M. 波斯坦等主编：《剑桥欧洲经济史》第 6 卷，王春法等译，经济科学出版社 2002 年版，第 644 页。

②　同上书，第 648 页。

美国人口从 1860 年的 3100 万人增长到 1910 年的 9100 万人，人口增长了接近三倍，加上国内较高的收入水平，美国的国内市场成为当时世界上规模最大的消费市场，这样的市场规模容纳了巨大的消费需求，使美国工业在每种技术水平上都能实现规模效益。移民浪潮导致美国人口激增，移民大都在移居之前就接受了较高程度的教育和技术培训，直接为美国增添了大批劳动力，美国也因为移民免费获得了大笔以知识和技术形式储备的人力资本。

　　美国的制造业结构在这一时期发生了很大变化，消费品制造部门的产值和就业比重减小，资本品制造部门的相应比重开始增加。棉花和棉纺织品的就业人数在 1870 年占到制造业就业总人数的 7.29%，到 1910 年仅为 4.72%；羊毛和毛纺织品的就业人数在 1870 年占制造业就业人数的 5%，到 1910 年这一比例降为 2.9%。而这些部门在 1860 年以前都是主导工业。与此相反，作为资本品制造业的代表行业，钢铁业的就业人数占制造业就业人数的比重由 1860 年的 7.58% 增长到 1910 年的 15.19%，增长了近一倍；在运输工具生产方面，这一比例也由 5.63% 增至 8.88%。① 这种结构上的变化一方面反映了发展机器生产代替手工劳动的技术革命，另一方面则反映了与人口增长相对应的收入的增长，因为只有收入增长才能为耐用消费品和资本品的增长创造足够的消费空间。

　　这一时期，钢在美国耐用资本品制造行业的增长中扮演了重要的角色。钢几乎用在了所有以前用铁的领域。钢被广泛运用到消费资料和生产资料的生产中，钢的触角遍及生活的每一个角落。钢铁工业的发展不仅仅促使制造业大规模扩张，还促进了其他关联产业的聚合。随着美国制造业的持续发展，到 1914 年，美国的

----

① ［英］M. M. 波斯坦等主编：《剑桥欧洲经济史》第 6 卷，王春法等译，经济科学出版社 2002 年版，第 649 页。

工业化程度在世界上首屈一指。美国制造业的发展给美国带来了很多惊喜的变化：生产效率全面大幅提高，非农私人产值大幅增加，非农人口剧增，等等。当然，美国的工业化进程并没有就此结束，工业化是一个持续不断的动态变化的结果。

二　美国工业化成功的原因

美国的工业化进程始于英国之后，可以直接利用已有的先进技术，这是为其进行工业化打开了良好的开端。但是，美国的劳动力和资本等生产要素的价格高于英国，它最终获得世界工业化强国的地位是有其原因的。

首先，美国市场的成长是一个重要因素。南北战争结束后，美国国内市场广阔，为美国工业的腾飞创造了良好的市场空间。市场规模越大，分工生产划分越细致，各种新能源的利用效率越高，新的技术越需要被创造。到19世纪90年代，按照商品和服务的消费额来衡量，美国的市场规模已经达到英国的两倍以上，是德国的四倍左右。市场规模的扩大为企业开辟新的商机创造了机会，企业也有动力进行组织创新，使得企业可以进行纵向分解，一部分企业功能从原先的组织中分离出来形成新的企业，并形成各自的市场，专业化生产进一步深化。这些新形成的专业化企业可以实现更低的单位制造成本和销售成本，获得规模经济效益。总之，美国市场规模的扩大和专业化分工对美国的工业化成功产生了积极作用。

其次，美国工业化的成功取决于劳动生产率的不断提高。美国的资本和劳动力价格都高于英国同行业，为了弥补这个不足，美国重视教育和技能培训，通过劳动效率的提高来降低本国工业制成品的制造成本，增加产品国际竞争力。当然，这得意于美国宽松的移民政策和对教育、知识的投资。

最后，劳动节约型创新的发展是美国工业化成功的又一重要因素。美国劳动力价格过高是工业化进程的弊端，但是美国也因此确立了发展资本密集型工业的道路。这种工业促使美国不断寻求机器生产代替手工劳动的方法，不断进行技术创新，并成功与国外劳动密集型工业竞争。这些因素只是从工业竞争力的角度而言的，美国工业化成功的深层次原因则具有明显的历史性、制度性、文化性的路径依赖。

三　美国工业化进程中的路径依赖性

美国在独立之前是一个殖民地国家，受殖民地国家的盘剥，资本主义发展被严重压制，本土经济不发达，缺乏本土产业，殖民地国家大量向本国倾销工业制成品，低价采购原材料，发展本土经济的欲望十分急切。同时，受殖民地国家的影响，美国本土产业结构是为了适应英国的经济发展，英国的殖民历史对美国的工业化产生了深远影响，美国看到英国工业化的强大魅力，也迫切希望走上工业发展的道路。

美国工业化的演进历程实际上也是制度变迁的过程。美国一直被英国殖民，不仅产业结构与英国极为相似，而且其对国家政权过于强大干扰经济自由发展的怀疑也受到英国的影响。① 美国独立之初创立的宪法，在很大程度上限制了政府的权力，严格保护私人财产所有权和尊重人权，这套法律规则不因出现政治狂热和立法机构发生变化而变化。这部宪法所确立的法律基础一直维持至今，为美国实现工业化和维持工业繁荣奠定了坚实的制度基础。

---

① ［美］道格拉斯·诺思：《经济史中的结构与变迁》，陈郁、罗华平译，上海三联书店1991 年版，第 209 页。

政府权力的制衡理念也一直影响着美国日后的经济体制的基本构架。

美国独立之初，各州各自为政，缺乏可供执行的统一的商业制度，使得英国工业制成品乘虚而入，加之美国本土工业刚开始起步，无力抵抗英国商品的竞争，战时繁荣的短暂气象如昙花一现般迅速消失。直到宪法颁布，惨淡的国内经济形势将美国各州团结起来，各州纷纷要求国会采取措施保护本土工业的发展。华盛顿在就职时特地身着国产服装，以表达他对本土工业的支持。1789 年美国实行的税制虽然对各种进口产品征收轻微的关税，但是它反映了美国政府对本国工业的态度，并且这一税制在实行之初就取得显著效果。[①]

除了政治制度、商业制度以外，美国的土地制度也有利于工业化的发展，美国形成了具有自身特色的工业化、城市化和非农化同步发展的道路。美国政府无偿地将从印第安人手中掠夺过来的土地分给资本家和拓荒者。1787 年在大陆会议上通过的"西北法案"规定了土地的继承权和无条件占有权，并确立了逐渐自治的机制和边界政府的基本框架。西北法案是 1784 年土地法和 1780年联邦土地决议两个法规的延伸和补充，再往前还可以追溯到英国殖民思想的演进历史中，在当时西北法案虽然有些观点颇受争议，但是它还是提供了一个清晰的土地产权制度演进的路径依赖模式。联邦政府还废除了限制土地买卖和限制为新公司发放许可证的法律。它提倡更为公开公平的竞争和平等的机会权利。[②]"西

---

① ［德］弗里德里希·李斯特：《政治经济学的国民体系》，陈万煦译，商务印书馆 1961年版，第 89 页。

② ［美］杰夫·马德里克：《经济为什么增长》，乔江涛译，中信出版社 2003 年版，第89 页。

北法案"使土地产权的低交易成本转让成为一种可能，既为美国的农业发展提供制度保障，又适应了工业发展的需要，促进了农业发展与城市化和非农化的良性互动。

美国一直重视创新在工业化进程中发挥的作用，因此在立国之初，就以宪法形式保护自然人和法人的发明专利。1790—1800年政府批准的专利权有 276 项，1850—1860 年的专利权增加到25200 项，1890—1900 年增加到 234956 项。随着工业化进程的不断推进，专利的影响力逐渐超过了关税。大企业的很多产品尤其是机器制造业的产品都具有创新性，他们受到美国专利权的保护，持续获得创新带给他们的超额垄断利润。[①] 但是专利保护仅限于美国国内市场，为了依靠创新从国际市场获得相应的超额利润，一些现代工业企业结合起来，形成超大规模的企业集团，成立一支比专利法更有力的研究组织。为了限制这种超大规模企业集团对经济活动的影响，联邦政府国会于 1890 年通过了第一个反托拉斯法——谢尔曼法案。该法案禁止小型家族企业联结形成卡特尔，这在某种程度上允许合法的合并运动，从而加速了美国大企业的成长。

美国的民族主义精神在工业化进程中也起了不容忽视的作用。美国首任财长汉密尔顿认为，从长远来看，鼓励制造业的发展符合经济发展的长远目标，他鼓励发展私人企业，赋予其促进经济增长的重任，赞成有利于国家利益的国内竞争，倡导节制审慎的自由经济主义。但是汉密尔顿倡导的民族精神经过一个曲折的过程才被美国大众接受。直到 19 世纪 50 年代，汉密尔顿当时还不完美的"制造业精神"终于成为融入了民族秉性的"民族

---

① 国家科学技术委员会：《技术与国家利益》，科学技术文献出版社 1999 年版，第26 页。

精神"。随着工业化进程的推进，美国的"民族精神"被赋予了新的含义：精细的劳动分工、机器生产、工业创新等。所有美国民众都想通过自己的能力和智慧，成为"财富争夺战"的赢家，以期获得社会的认可、尊敬和荣誉。无独有偶，布罗代尔也强调美国民族精神对工业化进程的推动作用。他认为蕴涵着工业化理念和行为的美国文明是美国民族精神的重要组成部分，这些由理念和民族主义等所构成的文化演变过程具有路径依赖性。综上，本书亦认为美国的民族精神在文化方面是影响美国工业化进程的根本动力。

四　美国工业化的政策选择

美国政府的政策一直倾向于服务本国的经济发展。美国工业化的历史也是美国政府根据国际市场竞争力的需要选择贸易保护还是自由贸易政策的历史。当美国企业可以通过自由贸易获利，美国经济可以从国际贸易中得到发展时，美国政府即主张实行低关税的贸易政策；当美国企业在国际竞争中处于弱势，外国企业挤占本国市场时，美国政府便采用贸易保护政策。

"无论从经济学角度还是政府政策角度，美国都被认为是现代贸易保护思想的发源地。"① 美国独立战争的胜利并没有带来意想中的社会经济的繁荣和发展，反而是战争期间，由于美英贸易几乎停滞，没有英国产品的挤压，美国的制造业获得了发展的空间，但是与英国相比，不论从数量上还是质量上都相去甚远。战争结束以后，英国凭借其强大的商业、制造业及领先的国际地位优势打压美国，限制美国开拓西印度群岛市场，并向美国倾销英国货

---

① 史东辉：《后起国工业化引论》，上海财经大学出版社 1999 年版，第 129 页。

物。独立战争结束前夕，北美每年运往英国的生铁平均为 3929
吨，而到 1791 年却降为 797 吨，下跌 3132 吨。① 1784—1786 年
间，美国对英国的出口贸易额仅为 249 万英镑，进口额却高达 760
万英镑，美英贸易逆差达 511 万英镑之高。② 这一时期，美国国内
市场不景气，经济衰退，社会动荡，是美国史上的"危机时期"。
在这种动荡的社会形势下，贸易保护和自由贸易两种声音相互碰
撞。南方大种植园主、北部大商人从贸易中获益，主张自由贸易；
而广大小农、保卫独立战争成果的爱国主义者和为数不多的制造
业者则主张用贸易保护，来抵制英国的经济侵略。当时汉密尔顿
任美国财政部长，他重视美国制造业的发展，主张贸易保护。但
是他的贸易保护主张并没有得到很好地执行，9% 的进口关税率不
足以保护美国新生制造业的成长。

　　偶然的历史事件激起了美国民众的爱国情绪。1807 年英法战
争中，英国炮击美国"切萨皮克号"战舰，激起民众对英国的仇
视情绪。12 月美国国会通过了《禁运法案》，企图通过中断对英
国农产品的供应，来抵制英国的飞扬跋扈。③ 但是事与愿违，禁运
法案非但没有给英国的经济社会造成伤害，反而使美国经济面临
全面瘫痪，由此暴露了美国殖民经济的依赖性。1807—1808 年两
年的时间里，美国出口额下降了 59%，航海业面临破产的困境，
大批海员失业，无数大小商人损失惨重，农产品出口受挫价格大
幅下跌，小业主和小农场主纷纷宣告破产，工业消费品供应困难，
国际贸易萎缩，海关收入急剧减少，财政亏空巨大。在国内形势
一片阴霾的压力之下，美国政府不得已于 1809 年取消了禁运法

---

① 张少华：《美国早期现代化的两条道路之争》，北京大学出版社 1995 年版，第 36 页。
② 同上书，第 35 页。
③ 同上书，第 88 页。

案，国内制造业因此得到空前发展。

　　战争事件再次确立了美国贸易保护的基调。1812 年美英发动第二次战争，美国的航海业和对外贸易再次陷入萧条和停滞状态，但是制造业在此期间却得到飞速发展，直接对英国的霸主地位造成了严重威胁。战争结束后英国不惜低价向美国倾销商品，但是此时美国制造业经过一段飞速发展时期，已经具有相当实力抗衡英国，使得英国的如意算盘落空。1816 年，美国颁布了第一个关税保护法案，把工业制造品的税率提升至 25%。从此直至 19 世纪末，美国的贸易保护主义一直都是美国对外经济政策的基调。

　　提高关税的贸易保护政策触犯了主张自由贸易的南部大种植园主、北部进出口商和航海集团的利益，引起了他们的不满。为了反对高关税的贸易保护政策，南卡罗来纳州甚至不惜脱离联邦政府。1832 年 7 月，联邦政府迫于各自由贸易者的强大压力，下调了关税税率，但并没有达到南卡罗来纳州的要求，美联邦面临分裂的形势。国会为了国家的统一，不得不再次妥协让步，扩大了免税商品的品种。但是自由贸易主义和贸易保护主义的较量并没有终结，逐渐形成了以北部制造业集团为核心的贸易保护主张者和以南部种植园主为核心的自由贸易主张者两大派别。世界范围内的黑奴解放运动进一步激化了两个派别的矛盾，最终导致南北战争的爆发。南北战争最终以北方制造业集团的胜利告终，美国就此获得真正的独立。战争结束后，共和党团结西部的小农场主，牵制南部的种植园主，将南部种植业的发展纳入北部的工业化发展进程中。此后美国实行国内自由贸易、国外贸易保护的双重贸易制度，美国工业步入了快速发展的正轨。1890 年，美国国会通过的"麦金利关税法案"将平均关税率提高到了前所未有的水平，美国的工业化进程加快，到 20 世纪初，美国就取代英国成为世界第一工业强国。

在美国的工业化进程中，除了贸易保护政策发挥了重要作用以外，美国的货币政策和财政政策也起了不可忽视的推动作用。为了促进工业化进程的快速推进，美国政府采取了积极的财政政策：一是政府为了给工业发展创造良好的内部环境，直接投资于某些基础设施，以促进经济的发展；二是政府通过直接给予某些行业金融支持或实物奖励，来鼓励和引导部分行业的发展；三是政府设立专门的监管部门。制定具体的监管法规，监管国内市场的秩序和工业的健康发展。美国主张有限制的政府，不会直接干预经济的运行，但会通过财政政策，尽可能地为经济发展和工业化演进创造良好的内部环境。

货币政策的创新与财政政策的实行相配套。南北战争之前，各州自行设立银行及银行立法相互独立，银行货币制度混乱不堪，联邦政府的货币政策相当软弱。战争结束后，联邦政府逐渐将货币政策的制定权掌控起来，1863—1865 年先后制定了相关银行法案和货币政策，美国实行统一的银行体制和统一的货币，确立了存款准备金和现金储备体制。当时，财政部充当了实际意义上的中央银行，1913 年后，财政部将货币政策制定权移交给了美国联邦储备系统。美国货币政策主要从两种体制创新上积极推动了美国的工业化进程：一是南北战争结束后，银行支票担当了交换媒介的作用，把存款直接变为现实的购买力，节约了流通费用，加速了货币的流通速度，增加了货币供应；二是充当中介人的投资银行业兴起，投资者与企业家被联系起来，既解决了资本家的资金需求，也拓宽了投资者的投资渠道，加速了储蓄转为投资的速度，投资银行尤其对钢铁、石油、铁路、通信等资本密集型工业的发展意义重大。

总而言之，美国政府在其工业化进程中，不断地采取各种政策措施来适应美国经济增长的需求。从产权保护、投资基础设施、兴修铁路、建立邮政系统、建立对外贸易立法保障到创新货币政策、保护金融系统稳定等无不体现了政府服务经济发展的作用。美国经济的成功和工业化进程的快速发展依赖的不仅仅是自由市场原理，更是政府长期努力为广大民众分享经济成果的结果。美国政府为经济发展保驾护航的初衷从未动摇过。

第四节　日本的工业化演进

一　日本工业化的演进历程

日本的工业化相对欧美国家来讲起步较晚，一般认为始于 19 世纪 70 年代，基本结束于 20 世纪 70 年代，历时一个世纪。日本工业化的历史背景具有特殊性，其工业化的进程与欧美国家有很大不同。

日本的工业化进程不是始于国内经济发展的需要，而是西方发达文明入侵造成的社会震荡迫使日本启动了本国的工业化进程。在工业化的演进过程中，技术特别是军事技术是主要驱动因素。"日本可能是唯一一个由独裁寡头来启动现代化、工业化的实例。"①1868 年明治维新以后，日本政府充分发挥干预经济的作用，以"殖产兴业""富国强兵"为目标，大刀阔斧地推进工业革命的进程。日本政府在一群精明能干、精力充沛的武士操纵下，实施了大范围的现代化改造：接管军需场、船坞和矿场，创办西式棉纺织厂、缫

---

① ［以］艾森斯塔特：《现代化：抗拒与变迁》，张旅平等译，中国人民大学出版社 1988 年版，第 76 页。

丝厂、化工厂、酿造厂和机械厂等，派人去国外深造学习先进的技术与商业知识，聘请熟练工人和国外技师等各种措施。同时，日本政府也建立起与现代经济发展相适应的基础服务系统和制度基础。在改革过程中，日本领导者抓住国际贸易开放所带来的机遇，迫切想要提高国家技术水平和商业现代化程度。[①] 国家力量在日本推动工业化进程的起步阶段起了重要作用，日本直接借鉴西方的先进科学技术和管理技术，培养有能力的领导者，善于把握住市场机遇，保护和扶植近代化私人企业。直到19世纪90年代中期，日本的现代化工业制度转变才开始起步。

日本的工业化起步较晚，迫切需要更大的市场来推进工业化进程。1894年，日本发动了甲午中日战争，日本由一个被压迫国家变为一个压迫国家，日本的工业化进程进入了一个全新的阶段。巨额的战争赔款使日本改为金本位制，健全了信用制度，促进了银行系统的发展；中、朝市场的打开，直接刺激纺织行业的急剧发展，战争强化了日本的军国意识，以军工业为核心的交通运输业和重工业空前发展。这一时期的日本充分品尝到战争带给他们的甜头，对外政策极富侵略性。1929年，世界范围内爆发了经济危机，日本经济发展受到威胁，开始向军国主义经济方式转变。1937—1945年侵华战争的失败，使日本经济面临全面崩溃的危险，日本意识到不能依靠军事力量来实现工业化。

第二次世界大战之后，日本改变了军事兴国的思路，进行币制改革，以廉价劳动力为起点，经济飞速发展起来。1950—1967年是日本战后经济发展的第一个时期，此间，日本政府积极鼓励出口，大力发展劳动密集型产业，给予出口企业低利率贷款和低

---

① ［英］M. M. 波斯坦等主编：《剑桥欧洲经济史》第6卷，王春法等译，经济科学出版社2002年版，第789—790页。

税率税收优惠，努力从国外获取现金技术，限制对外投资，缓慢推进自由化进程。1968—1975 年，日本在前期发展的基础上，开始注重资本和高科技的运用，大力发展资本密集型和技术密集型行业，船舶、钢铁、汽车、手表、家具等行业在这一时期得到迅速发展。1975 年以后，日本通过采用"学习、模仿、引进、消化、创新"的战略，加速工业重心向知识密集型行业转变。日本借助后发优势，以很小的代价快速实现了工业化，日本经济很快走向世界前列，到 20 世纪 80 年代中后期，日本实现赶超目标，成为第二大世界经济强国。

二　日本工业化进程的特点

日本的产业革命是在特殊的历史背景下进行的，受各种限制条件的约束，日本的工业化进程有几个显著异于欧美国家的特点：

首先，日本的工业化是在对外军事侵略和国家资本带动下起步的。日本通过发动对外战争，改变了被压迫国家的现实，获得战争赔款，打开了亚洲市场，为工业的腾飞提供了市场条件和部分初始资本。日本的工业化从一开始就是由政府自上而下指导和推动的，而不像欧美国家那样，由资产阶级在利益驱使下自发缓慢进行。日本政府利用国家资本，大力兴办以军工业为核心的国有企业和社会基础设施，使得国家资本不仅在日本资本主义中处于特殊地位，同时也为民间资本的发展提供了便利条件。国家资本的大力干预是日本工业化得以快速完成的重要因素。

其次，日本的工业化进程中，生产资料生产部门和消费资料生产部门交错发展，呈现出明显的非规律性原则。欧美等先进国家的工业化进程一般从消费资料生产部门开始，发展到一定阶段以后才推动了生产资料生产部门的发展，但是日本在工业化进程中，两大部门相互交错，没有一定的规律性。在军用方面，日本在工业化之初就重视以军工业为核心的重工业的发展，建立了以重工业为开端的资本主义工业化；同时，日本政府在民用方面，首先发展了以纺织业为代表的轻工业，随后扩大到机械、造船等重工业部门。并且，日本的民营资本是在国家资本的积极扶持和保护下发展壮大的，私营轻工业也是在国营重工业的带动下发展起来的。因此，日本的工业化进程相对复杂，没有一个统一的规律。

最后，日本走的是"引进创新"而非"自主创新"的道路。英国的工业化起步早，一切都是在经济发展的推动下自发形成的，而日本的工业化起步时，欧美国家当时基本已经进入工业化时代，日本利用后发优势，以较低的代价直接引用他们的先进技术、机器设备和管理经验，并加以改造，以适用于本国的发展需要。同时，日本政府通过研究国外的工业化进程，制定匹配的产业政策，积极引导工业结构的现代化和高级化，为日本的跨越式发展提供了政策支持和有力保证。

三　日本工业化进程中的制度创新

日本工业化的成功不仅仅是直接嫁接了西方的文明成果，而且成功实现了制度变迁。其正式制度和非正式制度的良性互动，为日本工业化进程的顺利推进提供了基础的制度保障。

日本从明治维新开始就不断学习欧美各种制度，并与本国的非正式制度相结合，进行了体现日本文化特点的制度创新。日本引入英国的金融体制，依靠股票在资本市场上筹集长期资本，因此，在工业化初期，日本的股票市场就有了一定的发展。只是日本资本市场的发展与企业的道德准则有着莫大的相关性。[①] 在 20 世纪 20 年代，日本的资本筹集更多的是依赖证券市场，而不是银行系统。但是这样的证券市场体制超出了日本当时的经济发展程度。银行系统的不健全使得日本对金融危机的应对能力较差，很多银行倒闭，日本经济陷入了严重的通货紧缩困境中。政府为了阻止经济的倒退，鼓励成立银行财团，发挥银行系统的筹资融资功能，这样，第二次世界大战后银行系统取代证券市场成为日本重要的融资渠道。这样的银行体制被认为是由信贷配给需要所引发的制度创新。[②] 日本依靠这样的银行体制将居民储蓄转化为产业投资，为经济的跨越式发展奠定了资金基础。

日本的制度创新中也融合了民族精神。以专利制度为例，日本政府鼓励民众进行发明创造，积极申请专利权，甚至为了满足人们的成功欲望，允许他们提前申请。与此同时，人本政府还给予专利相关关系人异议机会，促使发明人与专利相关人就专利权进行和平协商，加速了专利技术的科技成果转化。这样的专利创新制度体现了日本集体主义，合作与竞争并存的民族精神，适应了日本的民族文化，使专利技术在日本释放出巨大能量，推动了技术的应用推广。

日本对欧美的现代企业制度和管理制度也进行了创新性转换，形成了独具日本风格的管理经营模式。年功序列工资制、企业内工会制度和终身雇佣制是日本经营管理的"三大利器"，为大企业协调劳资关系、提高经营效率、优化管理机制起到了积极

---

① ［日］速水佑次郎：《发展经济学》，李周译，社会科学文献出版社 2003 年版，第 322 页。

② 同上书，第 324 页。

的作用。[①] 日本民族的创新精神在这些制度创新上发挥了巨大作用,他们根据现实环境的不断变化,积极寻找适合经济发展的体制和形式,也成为日本经济奇迹般增长的重要原因。

日本在制度方面的创新除了引入后加以改变以外,也有自发性的创新,综合商社的发明就是这样一种创新形式。"综合商社是日本特有的制度,美国人根本不知道综合商社在什么地方干什么,想模仿却无法模仿,而且用美国的传统企业模式是无法解释的。美国没有能够与之竞争的企业组织,因此在美日经济战中只能败给日本。"[②] 综合商社是在 19 世纪后半叶开始创立的,经过一百多年的发展,现已演变为集信息、金融和组织开发等多功能于一体的实力超强的垄断贸易企业组织,是工业化进程中的一支重要力量。日本综合商社的本土特性和文化植根性特别强,难以被其他国家效仿,一直是日本所特有的组织形式。

四　日本工业化进程中的政策支持

日本在感受到西方经济成果带来冲击的同时,也意识到政府政策对社会发展和工业化进程的指导和推动作用。日本著名政治家大久保利通指出:"国家的强大依靠其人民的富有,这又取决于产出水平。增加产出的首要方法是实现工业化。然而,没有政府的指导与推动,国家的工业化就不可能实现。"[③] 大久保利通尤其推崇英格兰的重商主义政策,在此影响下,日本政府实施了一系列保护措施,用政府力量加速了经济发展和工业化进程的脚步。

---

① ［日］丸山惠也:《日本式经营的明和暗》,刘永鸽译,山西经济出版社 1993 年版,第 89—90 页。

② 李庆臻、金吉龙:《韩国现代化研究》,济南出版社 1995 年版,第 143 页。

③ 孙宽平:《转轨、规制与制度选择》,社会科学文献出版社 2004 年版,第 337 页。

日本政府开创了制定实施产业政策的先河。早在明治政府时期就提出了"殖产兴业"的策略。最初，日本政府将政策倾斜于具有比较优势的丝绵纺织行业和本土的食品加工业，而不是盲目发展重工业。在日本工业化的第一代工业产值增长额中，纺织业占35%，食品业占40%。到19世纪80年代，政府允许私人资本家从政府手中购买官营企业，使民营资本家的起点大大提高，这一时期的棉纺织业从手工纺织发展为机器大生产。1913年，日本的棉纱出口量占到世界的1/4。第二次世界大战后，日本为了加快经济发展的步伐，提高工业化的进程，赶超西方工业强国，日本政府制定了一系列强化供给管理的产业政策。重点发展煤炭和钢铁两大战略性产业，并以此为杠杆带动整个产业的发展。日本在工业化进程的演进过程中，主导产业沿着纺织业到机械、钢铁和化学工业到汽车、家电业到电子工业等技术密集型工业的顺序依次更替。[①] 日本产业政策的目标明确，与系统的相关政策相互配合，在日本经济的发展中，产业政策的有效实施取得了举世瞩目的成效。

日本的产业政策引起了很多国家政府领导人和学者的高度关注，刘伟教授对日本的产业政策给予了中肯的评价：

日本主导产业发挥作用的政策机理不能简单归结为政府给予了其他产业所不能比拟的优惠性投资、财政补助及减免税款，而是在整个产业政策体系的协调配套作用。我们无意于证明政府的优惠性投资扶持及其他财经手段对日本主导产业的成长、发展不起任何作用，但是我们认为，与之相比较，更为重要的是日本在官民协调体制基础上共同合作确定主导

---

① 周叔莲、杨沐：《国外产业政策研究》，经济管理出版社1988年版，第28页。

产业，或者产业结构高度化的目标，制定明确的产业发展目标政策，和一系列互不配套的参数政策，并在政府与产业界的共识合作基础上来促使其实现。此外，重要的还在于日本企业强盛的市场机制和丰富的人力资本存量，从根本上推动着不同时期日本主导产业的形成、发展并对整个经济增长与结构变化发挥主导性带动作用。[①]

日本鲜明的产业政策对经济发展起到了不可估量的正面作用，但是政策的"双刃剑"性质也在后来的发展中暴露出来。为了加快经济的发展道路，日本不惜以污染环境为代价，走了一条"先污染后治理"的道路，引发了西方发达国家贸易摩擦的增多。在20世纪70年代末，日本为治理污染而付出了沉重代价，也招致了发达国家反对日本的产业政策的继续执行。

日本政府采取积极的财政政策，通过对目标产业发放，财政补助和减免税收等引导主导产业的发展，直接投资重工业部门和幼稚产业，加速工业化进程。日本政府还投资建设现代经济发展所必需的基础服务系统，如现代银行系统、铁路和航空运输服务系统、邮政和电信系统以及普通职业教育系统等，创造了就业，拉动了投资需求，消除了制约产业升级的瓶颈因素。为了获得刺激经济增长所需的资金，日本政府于1965年开始发行国债，并将国债纳入国家预算体系。日本政府采取的一系列措施都为战后日本经济的腾飞创造了有利条件，是日本工业化进程飞速完成的有力保证。

日本在明治时期还是受到列强压迫的国家，没有关税自主权，迫于无奈，日本实行的是半自由贸易的政策。随着关税自主权的

---

①　刘伟：《工业化进程中的产业结构研究》，中国人民大学出版社1995年版，第273页。

逐步恢复，日本开始渐进地提高关税的保护性作用，尤其是缺少竞争优势的重化工工业。日本领土面积狭小，受资源和市场的限制，日本政策在工业化的进程中始终坚持"贸易兴国"的基本理念，通过振兴出口、扶持本国企业作为推动经济发展和推进工业化进程的重要手段。第二次世界大战后，为了实现经济的复苏，日本政府实行了高度保护的贸易政策。在 20 世纪 60 年代中期以前，日本政府重点扶持化学工业和重工业的发展，严格限制相关产品的进口，创造了日本经济腾飞的奇迹。这段时间，日本政府利用外汇配额管理来直接管制外汇，对外贸易受政府干预程度高。这种情况到 20 世纪 60 年代末发生了改变，对外贸易逐渐自由化，到 1965 年，日本的自由化率已经达到 93%。1960—1970 年，日本工业年产值增长率平均到达 16.2%，在资本主义国家中居于首位，至此，日本的工业化基本完成。

世界工业化的进程始于欧洲英国，然后缓慢扩散到欧美大陆其他各地，最终在世界范围进行工业化改造成为大势所趋。各个国家的工业化进程在特定的历史背景和社会条件下不尽相同。有的国家在工业化进程中表现出了明显的路径依赖性，有的则是被时代所推进的。各国政府对于工业化的态度和政策也不尽相同，但是后发国家在推进工业化进程之初大都倾向于贸易保护，创造良好的工业化发展空间，政府决策在工业化的演进中起了重要作用。

第五章

世界主要国家城市化经验

正如前文所述，工业化道路各有不同，而城市化道路也各有不同。大部分西方国家的城市化进程都是一种自然而然的过程，并非人为的政策结果，工业化带动城市化的逻辑已经成为公理，但东亚国家的经验却不是这样的。对于东亚国家来说，城市化与工业化之间的关系是同步的。本章着重分析各国城市化历程以及与工业化之间的关系。

第一节　世界城市化过程概述

根据我们前面对城市和城市化的表述，能够知道城市化的发展过程与城市的出现是有显著的差别的：城市在很早就出现了，可是城市的出现并不意味着城市化的开始，从产业分工的角度来看就不难理解，众所周知，从18世纪的第一次工业革命开始，早期的手工业生产方式就被大规模的工业化生产方式取代了，所以严格来说，以非农业经济为主的城市化进程是从这个时候开始逐步形成的。

从第一次工业革命以后，城市化进程越来越快，这与工业革命引起的规模化生产方式使生产效率有了很大的提高有极大的关系，这些特点使得劳动力和资本源源不断地向城市聚拢，城市化随着工业化同步增长，整个社会的城市化水平都被提高了。经济全球化的到来，进一步推动了城市化以更快的速度、更大的规模发展。如今的交通与通信如此发达，因此城市里面的人们被紧密地联系在了一起。现在，世界一半以上的人口都居住在城市里，城市居民的总数量早就超过了 30 亿人，这种现象还会一直发展下去。本书根据周一星（1992）采集的数据将世界近 200 年的城市化水平的演化轨迹描述如图 5 - 1 所示。其中，横轴表示时间，时间跨度为［1800 年，1990 年］，一共有 13 个代表年份：左面的图中 u 代表城市化率（％）；右面的图中，N 代表人口总数（百万人），U 表示城市的人口数（百万人）；为了方便观察跟比较，图中将 N 和 U 分别作对数化处理。

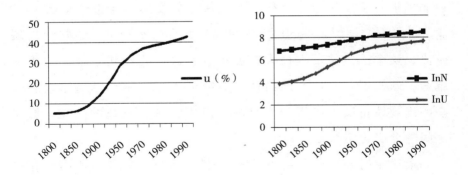

图 5 - 1　1800—1990 年世界城市化进程

资料来源：周一星：《论中国城市发展的规模政策》，《管理世界》1992 年第 6 期。

从图 5 - 1 来看，比较城市化的发展历程，我们可以将它分为三个时间阶段：

第一阶段是从 18 世纪中叶到 19 世纪中叶。特征是城市化的发展水平很低。因为这个阶段是处于城市化的初始阶段，刚刚开始第一次工业革命，所以这一阶段的产业结构调整跟城市化差异较大，这段时期，资本与人口加速向几个超大的城市流动，城市的规模分布情况符合 Zipf 定律（Henderson，2003）。相关资料表明，一半以上的英国人口居住在城市当中，是世界上城市化水平最高的国家，与此同时，世界只有 6.5% 的城市化率。很多国家都借鉴英国的工业化与城市化发展的经验和成果，可是影响有限，主要是因为工业革命在当时的影响范围不是很大。

第二个时间段是从 19 世纪中期到 20 世纪中期，也就是快速扩张的阶段，在此期间，不断涌现出新的城市，发达国家的城市化率一般都达到了 50% 以上，发展中国家的城市化水平也有一定的提高。欧美国家的城市化在这个阶段得到完善。特别是第二次世界大战之后，很多发展中或贫困国家和地区摆脱了被殖民被压迫的境地，工业化与城市化得到了快速的发展，城市化率由 1850 年的 6.3% 增长到了 1950 年的 29%，城市化水平进入了快速发展阶段，这个阶段城市人口大幅度提升，这主要归功于第二次工业革命，新知识、新技术的出现大大降低了城市的生活成本，新事物的出现使得城市经济与文化结构发生了翻天覆地的变化，城市之间的分工也慢慢成形。

第三个时间阶段是从 20 世纪中期到现在，这是世界城市化的成熟期。在此期间，世界城市化率超过了 50%，并且慢慢加快。由联合国统计资料可知，仅仅从 1950 年到 2000 年这很短的 50 年内，城市化水平就由 29% 提升到了 47%，并预期到 2015 年的时候，全世界百万人口以上的城市将接近 400 个，其中，人口超过千万的超大级城市也将近 30 个。

综上世界范围的演化过程，美国著名的城市学家诺瑟姆

（Ray. Northam，1979）将其抽象为"S形曲线"，他将发达国家城市化推进过程描述为一条被拉长的S形曲线，这条曲线的两个很重要的界点是30%和70%，其中，低于30%城市化率的是城市化的初级阶段，这个阶段城市化发展对工业化的依赖很严重；高于70%的是城市化的后期，这个时候城市进入现代发展阶段，比较平稳。当城市化率在30%—70%时，城市的产业结构有很大的变化，其中第二、第三产业的地位显著提高，"大城市"或者"大都市区"在此期间不断出现。焦秀琦（1987）对城市化 logistic 曲线作了数学推导，对1800—1982年间世界城市化进程与美国、法国、英国、西德、日本、苏联、南斯拉夫、印度、埃及九个国家城市化的演化过程分别作了回归分析，验证了城市化发展的S形发展轨迹，并且，对一些国家城市化发展的速度作了初步比较（见表5-1）。

表5-1　　　　　　　　　　城市化发展速度

国别	英国	法国	德国	美国	苏联	日本	南斯拉夫
达20%的年份	约1720	1800	1785	1860	1920	1925	1949
达40%的年份	1840	1900	1865	1900	1950	1995	1974
经历的时间（年）	120	100	80	40	30	30	25

资料来源：焦秀琦：《世界城市化的S形曲线》，《城市规划》1987年第2期。

焦秀琦通过比较后发现，一个国家如果城市化开始的越早，其发展的速度就会越慢，相反，起步较晚的国家，城市化的发展速度会比较快。

近期，伴随着城市化水平的不断提高，"逆城市化"现象在一些发达资本主义国家不断出现，就是人口开始向中小城市或者从城市中心向城市外围流动，这个过程也伴随着工业企业由大城市向中小城市、乡村不断迁移。究其原因，可能有两个方面：一是大城市人口的增加使得环境恶化、生活成本上升，因此，居民开始选择环境好成本低的中小城市或乡村；二是随着经济的发展与产业结构的变革，产业链范围扩大，大城市的经济功能也向外大幅度地延伸，因此出现了很多的"卫星城"，涌现出很多城市群或者城市带。在此期间，大城市慢慢变成知识、信息与劳务的生产和管理中心。

第二节　城市化特征和影响因素

从根本上说城市的起源有两种类型：由"城"到"市"和由"市"到"城"。前一种类型主要是军事战略要地的起源，例如天津市，起源于天津卫，而天津卫最早是为了抵御外来入侵者而修建的，后来由于生活与生产的需要逐渐成了大规模的居民区。随着社会生产力的不断发展，"城"里的居民手中有了剩余的农畜产品等，以需要为目的进行交易，逐渐在内部形成了"市"。另外一种类型是从"市"到"城"，《世本·作篇》记载："颛顼时祝融作市。"颜师古注曰："古未有市，若朝聚井汲，便将货物于井边货卖，曰市井。"因此，市源于井，慢慢的人越来越多，"城"就这样逐渐形成了，大部分城市的起源形式都是这样的。不管哪种形式形成的城市，都是在经济发展到一定的阶段产生的，其本质都是人类聚集和进行交易的中心。

以前城市化的发展是受军事和地理环境的影响较大。古代的城市大多分布在江河或者湖泊附近，方便居民取水，因此城市化的发展一般始于水域城市。当一个地方低洼容易内涝或者太高导致交通不便时，城市就很难出现，后来，交通工具的使用和变迁

也会影响城市的发展，促使其繁荣或者加速其衰亡，马车时代的
大城市多分布在四通八达的平原地区，后来随着水上交通的发展，
码头慢慢增多并逐渐形成了码头城市。绝大部分与地理环境有关
的城市的出现与消失的过程相对缓慢，而那些因政治军事需要而
建立起来的城市，其城市化速度相对更快一些。大多数学者根据
城市化的发展规律，将其划分为三个阶段。但是对于各个阶段城
市发展特点的认识尚没有得出一致性的结论，通过对各种文献资
料进行比较，我们发现表 5 - 2 的划分方法基本是被大多数学者所
接受的，也比较符合城市发展的实际情况。

表 5 - 2　　　　　　　　　　**城市化发展阶段**

	初期阶段	中期阶段	后期阶段
城市化率	30% 以下	30%—70%	70% 以上
发展速度的变化	比较缓慢	明显加快	速度回落
产业结构的变化	农业经济占主导地位，第一、第二、第三产业就业比重为 5：2.5：2.5	城市经济全面崛起，第一产业就业比重持续下降，第二、第三产业相继上升，第一、第二、第三产业就业比重为 3：3：4	城市产业结构发生革命性变化，第一、第二、第三产业就业比重为 1：3：6
动力机制的变化	工业化是城市化的基本动力	工业化仍是城市化的重要动力，第三产业的推动作用逐渐显露	第三产业成为城市化后续发展的主要动力
空间形态的变化	城市空间形态呈"点"状结构	城市空间形态呈"面"状或"带"状结构	城市空间形态呈"网状结构"

　　资料来源：姜爱林：《城镇化、工业化与信息化协调发展研究》，中国大地出版社 2000
年版。

　　对于测算城市化率的方法，主要有两类，单一指标法和综合
指标法。其中综合指标法需要大量的数据，而且权重难以确定，
所以只有少数研究某个特定的城镇或者小范围的地区会采用，我
国统计城市化率最普遍的是使用单一指标法。单一指标法又分为

两类：城市人口比重指标法和非农业人口比重指标法。以前使用最多的是城市人口比重指标法，通常用经常居住在城市及其郊区的人口比重来测算，可是伴随着经济的不断深化，这种方法越来越不适应新情况的发展，所以在 2008 年国家统计城市化率时对原来的计算方法进行了修改，采用城乡划分中的非农业人口占人口比重来计算。非农业人口是指从事非农业生产及非农业收入为主要生活来源的人口，这种方法能更准确地反映城市化率。

第三节　发达国家工业化与城市化的发展模式

世界各国的工业化与城市化发展模式大致可以分为三种：一是同步型，也就是说城市化同工业化协调同步发展，各种经济指标不会明显增长，同时也不会存在有些指标完全滞后的现象，经济发展很均衡很健康，大多数的发达国家属于这种模式；二是滞后的城市化，也就是说城市化水平落后于工业化的水平，城市发展的缓慢与经济的快速发展不协调，基础设施与服务、技术创新、产业聚集、制度等因素都会增加资源与要素的投入，同时减少产出，从而抑制工业化的进程，城市化阻碍了经济的发展，在开放性的经济环境中，甚至会出现资源跟人才的大规模流失，使得该地区的状况大不如前，我国很多农村地区存在这种现象；三是过度的城市化，即城市化的水平超过了经济发展水平与工业化水平，这样会导致很多问题如高房价引起的泡沫经济、人口过多引起的治安问题、环境过度污染等问题，更有甚者，一些国家的人口都集中在一个超级城市里面，大部分的发展中国家都是这种模式。

以上工业化与城市化发展之间的关系可以用表格呈示如下：

表 5 - 3　　　　　　　　　工业化与城市化发展的关系

人均 GNP 水平（美元）	城市化水平	GNP 结构变化		就业结构变化	
		制造业	非农产业	制造业	非农产业
100 以下	0.128	0.125	0.478	0.078	0.288
100	0.220	0.149	0.548	0.091	0.342
200	0.362	0.215	0.673	0.164	0.443
300	0.439	0.251	0.735	0.206	0.511
400	0.490	0.276	0.772	0.235	0.562
500	0.527	0.294	0.798	0.258	0.605
800	0.601	0.331	0.844	0.303	0.700
1000	0.634	0.347	0.862	0.325	0.748
1000 以上	0.658	0.379	0.873	0.368	0.841

资料来源：霍利斯·钱纳里、摩尔塞斯·塞尔昆《发展的格局（1950—1970）》，李小青等译，中国财政经济出版社 1989 年版，第 22—23 页。其中人均 GNP 以 1964 年美元计算，城市化水平以城市人口占总人口比重计。

一　英国工业化与城市化发展模式

1709 年亚伯拉罕·达发明了使英国冶炼技术大幅提高的方法；1761 年英国开始开凿运河，18 世纪 70 年代石块路面的修筑增加了货物与人的流动速度；1825 年火车的发明彻底改变了运输业；一系列的工业机械应用改进了蒸汽机，诞生了英国的工业化，同时英国的海外扩张获取了工业化所需要的原材料与劳动力。1850 年全世界煤产量的 60.2%、5.09% 的铁和 46.1% 的棉花都在英国，英国是名副其实的"世界工厂"。英国通过圈地运动与海外扩张完成了资本的初期积累，不仅为工业革命奠定了基础同时也为城市革命创造了条件。圈地运动摧毁了小农经济，迅速实现了农业的现代化，那些失去土地的农民为工业化提供了大量的劳动力。当时英国称霸海洋，殖民地不断扩大，为工业化提供了大量的资源。伴随着海外扩张，英国对外贸易量逐步提高，在 18 世纪就增加了六倍，所以伦敦成立了世界贸易中心，吸引了大量资本的流入。因此在强制性的产业结构升级，充分的资本、劳动力等因素的共同作用下，英国发生了工业革命，很多城市从此兴起，18 世纪中期之后英国城市规模得到了很大发展，人口不断增加。伴随着工业化的进行，工业成了英国经济增长的核心，与此同时，中心地区慢慢转移，英格兰西北部地区成了英国的经济中心。工业城市的兴起带动了城市化的发展，农村人口涌向工业地区和工商业城市，曼彻斯特、谢菲尔德、伯明翰等一大批工业城市迅速崛起。1770 年英国从事农业、渔业、林业的人数占全国的 42%，到了 1901 年只占 8.7%。英格兰和威尔士的城市人口占总人口的比例在 1750 年时是 25%，到了 1851 年，城市人口超过了农村人口占总数的 50.2%，1911 年城市人口比例达到了 78.1%。1800 年伦敦成了一个人口突破 100 万人的大城市，这在欧洲还是第一个，此后伦敦更是吸引了大量的外来人口，1852 年人口数就上升到了250 万人，1900 年达到了 500 万人，成为初步实现城市化的国家。

二　美国工业化与城市化发展模式

总的来看，美国城市化经历了两个阶段。19 世纪初到 1840年，由于交通运输的发展，产生了很多小型的工厂同时衍生出了城市，可是进程很缓慢，城市的规模也很小；1840 年以后，工业化进程慢慢加快，小型工厂升级成为大的现代化大工厂，极大地促进了城市化水平的提高，城市的规模也在不断地扩大。在这个阶段，美国对水运很是依赖，1840 年开凿的运河有 3000 英里，把中西部城镇与大西洋沿岸城市连接了起来，历史上称这段时间为"运河时代"，大部分人居住在河岸的两旁，早期出现的工厂也都依靠水力提供的动力进行生产，所以工厂也分布在水资源丰富的地区，由此运河旁边形成了很多小城镇。但是由于河道分布的地理限制，很难形成大规模的城市。第二阶段，工业革命产生了技术的进步，所以工厂减少了对水力的依赖。早期的美国工厂由于动力的限制都是小型工厂，1840 年后由于蒸汽机的使用，煤炭资源代替了水资源，工厂逐步摆脱了地理环境的束缚，独立产生了制造业。火车的发明又使铁路成为新的主要的运输方式，运输效率更高，覆盖面更广。城市化伴随着交通和工业的发展而快速发展，美国城市人口占全国总人口数由 1800 年的 6.1%，上升到了 1840 年的 10.8%，到 1860 年就达到了 19.8%。[1] 这一进程，是工业化和城市化由于技术等外部因素的影响，打破了束缚，从而得到了高速的发展。快速的城市化和工业化同时发生，没有先后的差别，它们之间相互影响，但相互不存在决定性的因素。

美国内部不同地区实际上是采用了两种不同的发展模式。美国的东北部和中西部处于核心地带。东北部地区城市群主要由纽约和费城、波士顿等大量城市构成；中西部城市群主要由芝加哥和圣路易斯、底特律等众多城市构成。这两个城市体系包含了大部分美国的工业企业，是美国的心脏地带。这一地区地理位置优越，有丰富的自然资源，而且起步时间很早，到 19 世纪中期，农业开拓阶段已经接近尾声，由于拥有良好的工业基础，中西部地区 90% 以上的企业都集中在城市，因此采取的工业化与城市化模式是最为典型的——农业地区变为城市地区。农业地区可以为城市提供工业原料、食物，并且可以释放大量的劳动力到城市中，满足了城市工业生产的需要。从农村地区发展成小城镇，小城镇

---

① David Ward, *Citites and Immigrants: A Geography of Change in Nineteenth Century America*, Oxford University Press, 1977, p. 7.

又发展成小城市，小城市进一步发展成大中型城市甚至成为中心城市。城市化阶段与工业化阶段相辅相成，这一地区的城市化比例由 1870 年的 22% 上升到 1910 年的 52%，速度很快，是典型的逐级递进的城市化与工业化发展模式。

西部地区位于美国经济区划的边缘，但也形成了以旧金山、洛杉矶、西雅图等地区中心城市为主，辐射周围卫星城市的城市体系。西部地区原来荒无人烟，可是伴随着美国的"西进运动"和全国性交通网的建设，一座座城镇慢慢崛起，这些城镇被称为"铁路城镇"。另外，西部地区出现的"淘金热"吸引了大量人口涌入西部矿区淘金，带动了西部矿区采矿业的发展，形成了西部地区特有的"矿业城市"。西部地区的城市化进程很快，从 1860 年到 1910 年的 50 年间，西部城市人口由 600 万人激增到 4200 万人，城市化比例由原来的 20% 增加到 46%。[①] 值得注意的是，西部地区的城市化进程不是缓慢发生的，而是一种跳跃式的发展，无论是"铁路城镇"还是"矿业城市"都是在荒无人烟的土地上建立的，没有经过农业开发阶段，直接发展为城镇。很多这种城镇没有进行农业生产的物质条件，居民生活所需的农产品需要从其他地方购买，少数城镇在建立之后才开始农业投入，以满足本地生活所需。总体来讲，西部的农业产出比例是很小的。与此同时，西部地区缺乏工业基础，制造业很低迷，仅仅依靠矿业形成城市化与工业化同时推进的局面。1910 年西部地区的制造业就业人数占劳动力人数的比例分别是：山区 20.5%，太平洋沿岸 27.9%，远低于东北部与中西部地区。由于农业与工业先天缺乏，西部地区的城市大多形成了工商业综合发展的模式，服务业成为

---

① U. S. Bureau of Census, Thirteenth Statistics of 1910, p. 80.

主要产业。1910 年西部地区服务业的就业比例分别为：山区是
40.4%，太平洋沿岸是 47.6%，都高于当时美国全国的平均水
平。[①] 这也使得西部地区城市呈现出跨越式的发展，在很短的时间
内就由小城镇一跃发展成为大城市。这种模式越过了农业和工业
化初期的城市发展过程，形成了服务业占主导地位的工商业城市，
跳跃式地完成了该地区的城市化，同样中心城市的发展也起到了
带动周围地区经济发展的作用，形成了很多卫星城，这是一种特
殊的不是由工业化推动的城市化发展模式。

三　日本工业化与城市化发展模式

很多人认为日本工业化和城市化的发展模式是一种难以复制
的奇迹。在第二次世界大战后，大量农村人口涌向城市，日本的
城市化率在 1945—1955 年维持着大约 3% 的年增长率，到 1960
年，城市化率已达到 63%，居于世界前列。

实际上，日本的经济"增长奇迹"有一部分原因是由技术改
革、产业结构的现代化、国外贸易的增加、设备投资大量增长及重
视教育等因素促成的，但是，经济"增长奇迹"出现的另一部分原
因则是由于战争分化瓦解了战前"扭曲的部门经济"，经济发展的
阻力被消除，生产力得到了释放。日本工业化和城市化的发展模式
基本也遵循与发达国家一样的规律，只不过战争消除了战前日本经
济发展的不利因素，战后快速地实现了工业化与城市化的进程。

从图 5－2 中我们可以看出，战前日本的人均产出水平大约只
有美国的 1/3，但在战争消除了经济发展的阻碍以后，日本的人均
产出水平迅速增加，大约达到了美国的 1/2。

---

① Harvey S. Perloff, *Region, Resources and Economic Growth*, Baltimore, 1960, pp. 172 - 183.

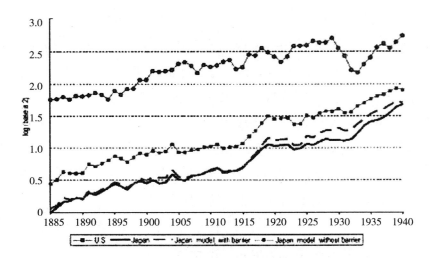

图 5 - 2 1885—1940 年日本和美国每个工人的实际产出和潜在人均产出

资料来源：Fumio Hayashi, Edward C. Prescott, The Depressing Effect of Agricultural Institutions on the Prewar Japanese Economy, *Journal of Political Economy*, 2008, 8.

从图 5 - 3 可以看出战前日本的农业劳动力人口保持在 1400 万人左右，战后经过一个急剧短暂的上升过程后迅速下降，最后基本维持在 200 万人左右。战前的日本存在着劳动力阻碍，限制了劳动力由农村向城市的转移，从而造成了战前日本工业的停滞，而战后农业劳动人口大量向工业部门转移，为工业化发展供应了大量闲置劳动力。战前日本农业就业人口从 60% 下降到 40% 用了 50 年的时间，比其他大多数的发达国家要慢很多。麦蒂森对 16 个发达国家的农业就业人口进行研究，发现在 1950 年日本的农业就业人口份额最高（48.3%），其次是芬兰（46.0%）和意大利（45.4%）。

事实上日本的城市化和工业化演进也经过了一百多年的时间，只是战前由于各种限制发展缓慢：一方面战前日本家族等级意识比较重，封建家长要求子承父业，后代子女因此被限制在农业部

图 5 - 3   1885—2003 年日本农业劳动力人口

资料来源：Fumio Hayashi, Edward C. Prescott, The Depressing Effect of Agricultural In-
stitutions on the Prewar Japanese Economy, *Journal of Political Economy*, 2008, 8.

门。另一方面日本观念相对保守，很少从国外进口农产品，导致
国内粮食匮乏，进而使得劳动力被限制在农业部门。在战前的很
长一段时间内，日本同时进行着工业化和城市化，只是由于被传
统所限制，二者的发展极为缓慢，因此几乎观察不到工业化和城
市化的进程，但是这个缓慢的发展过程为战后的飞速发展奠定了
良好的基础，因此才会出现所谓的战后"增长奇迹"。

四　传统工业化与城市化发展模式的经验和教训

内生性的渐进式城市化模式一般都需要经过一段时间的产业结
构调整和资本积累，城市化的进程与工业化的演进具有很高的相关
性。英国的城市化发展模式就是在特定的历史环境下，伴随着农业
机械化和工业化的缓慢推进而逐渐形成的，所以其他国家很难效
仿，但是可以通过研究其农业机械化的推进过程，对本国的工业化

和城市化过程起到借鉴作用，同时发展中国家可以因地制宜地引入英国的一些管理经验、经营模式和吸引外资的方式，来指导本国的工业化和城市化进程；美国的城市化模式有其独特的地理性特征，在东部发展到一定阶段后，再由政府主导对西部地区进行投资建设，这是美国独特的历史背景和地理环境所导致的，不具有可供其他国家借鉴的共性特征，不过美国城市化模式的成功也为我们提供了农业和工业两部门经济与城市化协调发展的案例，广大发展中国家应借鉴这种非均衡的协调发展的城市化模式，注意到技术革新在美国城市化进程中发挥的作用，鼓励本国的技术革新，加强技术进步对工业化和城市化的推动作用。中国与日本的发展模式有点相似，日本发展初期受民法典的限制，大量剩余劳动力被困在农村得不到释放，而中国是由于户籍制度所限，农村闲置劳动力也不能自由流动到城市工业部门，"扭曲的部门经济"使经济发展不能实现其潜在产出水平。日本在战后消除了这种扭曲经济发展的阻碍，创造了"增长奇迹"，中国改革开放后逐步放宽了对户籍的限制，也实现了中国特色的"增长奇迹"。不同的是日本工业化和城市化的起点更高，劳动力受阻的时间更长，经济发展被压制的程度更大，所以其释放出的产能也更大。

　　总体来说，传统工业化的发展带动城市化的发展，在工业化初期，城市化发展速度较慢，等工业化进行到中期以后，城市化会有一种快速发展的趋势，但到了工业化后期，城市化速度又会放缓（如图5-4所示）。

　　随着人类科学技术的不断进步，世界工业化水平整体不断地提升，发展中国家的城市化从初期发展到后期所用的时间跨度会越来越短。英国大约用了100年的时间，美国是80年，日本是40年，韩国是30年。在世界科学技术较发达的背景下，相信中国的

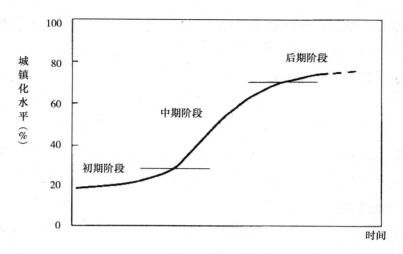

图 5-4　城市化过程的 S 形曲线

资料来源：谢文蕙、邓卫：《城市经济学》，清华大学出版社 1996 年版。

城市化进程不会用太多的时间，后发优势会加快我们工业化和工业化的步伐。但是，我们在快速发展的同时也要看到新时期新环境给我们带来的新挑战和新问题。

第四节　中国工业化与城市化发展模式的探索

在传统模式中，工业化进程总是开始于城市化之前，工业化的发展带动城市化的推进，城市化是工业化发展到一定阶段的产物，同时环境污染问题也是伴随工业化和城市化而产生的。库兹涅茨发现了环境与工业化程度之间的 U 形关系。前期工业化进程缓慢，环境问题不突出，随着工业化进程的加快，环境污染也在加重，倒 U 形曲线越靠近拐点位置，斜率的绝对值就越大，意味着环境受工业发展的影响程度越大；经过拐点后，工业化积累的资本逐渐增多，环境的制约越来越强，公众开始关注环境改善问题。在改善初期，受既有产业结构的约束，环境改善速度很慢，经过一段时间的发展和产业结构的调整，环境会有一个明显的改善效应，到工业发展的后期，环境质量的改善又会逐步放缓。

　　图 5 - 5 中 U_1 表示的是发达国家的环境库兹涅茨曲线。发达国家在工业化初期受技术条件的制约，重工业发展缓慢，环境没有遭到严重破坏。但是随着工业化进程的演进，重工业发展的技术瓶颈逐渐被打破，重工业快速发展起来，环境污染与能源消耗问题日趋突出，在工业化发展到中期时达到顶点 A_1。随着工业化的推进和经济的进一步发展，第三产业逐渐发展起来，取代工业的主导地位，成为经济发展的重要推动力量；同时，社会公众在物质水平提高到一定程度以后，开始追求生活质量的多方面提高，对环境的要求也更高，国家也意识到保护环境的重要性，被限制的污染环境的企业数量扩大，并且引导投入资源对环境进行治理，所以环境状况逐步好转。

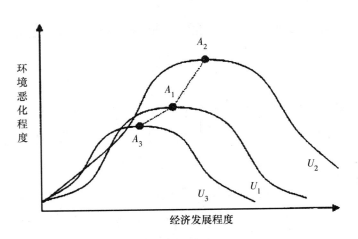

图 5 - 5　环境库兹涅茨曲线

图 5－5 中 U_2 曲线表示中国沿用发达国家城市化和工业化模式时的环境库兹涅茨曲线。中国如果采用发达国家以前用过的城市化和工业化发展模式，将要面临更大的环境问题。由于有后发优势，中国在工业化初期就可以发展对环境污染大的重工业，虽然推进了工业化的跨越式发展，环境问题也更早地在工业化进程中凸显出来。同时，中国不可能像先发国家一样用军事侵略或者政治的手段从欠发达国家大量掠夺资源，工业化进程需要的资本积累只能通过过度开采本国资源来完成。单纯从工业化的时间来看，中国的工业化进程会比先发国家快很多，但是中国会在这个时期内消耗大量的资源，造成更大的环境污染，现在中国很多地区都在经历这种状况。当工业化基本实现时，环境污染也将达到更高的点 A_2。此后当政府开始重视环境问题、治理环境污染时，即使环境治理的能力已经大大加强，要想改善环境恶化的程度，也比发达国家面临更加严重的环境恶化现象。而且，我们知道有些环境问题具有不可逆转性，环境一旦遭到破坏，无论花多大物力与财力去治理也很难回到污染之前的状况，因此 U_2 曲线的末端要高于 U_1 曲线的末端。U_2 曲线给我们敲响了警钟：我们不能走西方发达国家城市化与工业化的老路。

图 5－5 中的 U_3 曲线表示中国采用新型的城市化和工业化发展模式后的环境库兹涅茨曲线。我们应该选择一条资源节约、环境友好的方式实现工业化，虽然实现工业化的时间会比传统工业化道路耗时更长，但是环境污染程度会提前到达 A_3 拐点，之后治理的物质成本、时间成本都会较低。这种实现城市化和工业化的模式拒绝破坏式的发展，因此国家得到发展以后就不必花费太大的代价去弥补工业发展过程中造成的环境污染问题，考虑到最后环境治理的代价和成果，选择 U_3 的发展曲线会比 U_2 的发展曲线好

很多。

目前，中国东部地区尤其是长三角地区的很多经济发达城市都已跨过拐点，环境治理取得了很好的成绩。工业化程度在加深，但是环境污染问题却在缓慢减少。在此之前，中国的经济发展是以环境污染为代价的，比如苏州在20世纪八九十年代，依托于长三角地区的城市化效应，大力发展乡镇企业，在经济方面取得了很大成就，"苏南模式"曾一度成为全国各地竞相模仿的典范。但是环境污染问题也在那个时候逐渐显现，个别时候相当的严峻，特别是水资源污染问题。到20世纪末，苏州的水污染问题就达到了国家《地表水环境质量标准》规定的水资源质量的顶值，一大部分水资源如大运河等大骨干河道水质处于Ⅳ—Ⅴ类，阳澄湖和澄湖也为Ⅲ类水。但在21世纪最初的十年时间里，苏州改变了发展模式，从单纯的侧重经济转移到可持续发展上，苏州的环境污染问题也得到了有效改善。2009年，苏州的水质达到了Ⅱ类水的标准。最近三年苏州先后关闭了854家化工企业，到2010年年底苏州共建成了103座污水处理厂，日处理污水规模近300万吨，城市县区生活污水的处理率高达96%，其中苏州市区的生活污水处理率甚至达到100%，镇区也达到87%的高水平。与东部地区相比，我国中西部工业化和城市化水平都很落后。如果按照东部地区20世纪八九十年代的经验来发展西部地区的两化建设可能会走很多弯路甚至付出较高的代价。因此要因地制宜、考虑环境问题，科学选择两化建设模式。

第六章

中国新型工业化与城镇化协调发展的实证研究
——以贵州省为例

第一节 研究思路和依据

根据国家统计总局的数据，贵州省在 2012 年 GDP 的总量达到 6802.2 万亿元，位列全国各省市排名第 26 位，人均 GDP 仅为 19608.53 元人民币，全国倒数第一。而其经济增长率却达到了 19.3%，位居全国第一。因此贵州的工业化进程具有很强的快速增长的特征。

再从城镇化角度来看，贵州省的城镇化率出现过大起大落，这和全国整体步调相对不一致。

在经济发展速度全国第一的位置，城镇化率却不高，这实在是让人难以琢磨。因此，本章设定了一个模型对贵州省城镇化和工业化之间的关系进行测度。

要对贵州省的工业化和城镇化关系进行探究，首先，我们必须从理论上清楚认识工业化与城镇化之间的互动关系。美国经济学家刘易斯在二元经济结构理论中指出，若将一国经济分为工业和农业两大部门，不同的劳动收益率会使得大量劳动力从农业部门流向工业部门，工业化带动了城市化，同时，大量劳动力流入城市又会促进工业化过程的完成，这一理论分析了经济发展的内涵，也阐释了工业化与城市化的相互关系。[1]

从世界经济发展角度看，城市化与工业化的关系可以概括为以下三种：第一种是城市化与工业化进程基本一致，经济协调发展；第二种是工业化超前于城市化，即城市化水平较低，比如中国的户籍制度就会抑制城市化发展，阻碍劳动力流动，使之落后于工业化发展水平；第三种是工业化滞后于城市化，即城市化水平超过工业化水平，过量的劳动力从农村涌向城市，在工业发展水平不到位的情况下，过度城市化只会增加城市负担。[2]

本章的研究目标是探究贵州省城市化与工业化的关系。考虑到两者的互动关系，在构建模型时，分别以城市化指标和工业化指标作为被解释变量，做回归方程，得出城市化对工业化的影响程度和工业化对城市化的作用方向。

在选择变量上，我们选取城镇人口比重作为城市化指标，它可以代表一个地区劳动力向城市聚集的程度，大部分的文献对于该指标的选择争论不大；将非农产业产值比重作为工业化指标，计算方法为第二产业与第三产业总产值比重的和，对于该工业化指标的选择，相关文献有较大差异，总结起来有四类——工业产值（增加值）比重、非农产业比重、工业就业比重、非农产业就业比重。笔者选择非农产业产值比重的原因是考虑到第三产业在城市化进程中发挥着越来越重要的作用。控制变量有：体现宏观

---

①　周天勇：《托达罗模型的缺陷及其相反的政策含义》，《经济研究》2001年第3期。

②　任强、徐和平：《论贵州城市化与工业化互动机制的构建》，《理论与当代》2006年第6期。

经济发展状况的人均 GDP、体现劳动者劳动收入水平的劳动者报酬、体现生产者生产经营情况的生产税净额、营业盈余。其中劳动者报酬、生产税净额和营业盈余是工业增加值的组成部分。选择这些变量的原因，主要是考虑到要在控制住主要的经济、社会变量之后讨论城市化与工业化的关系。

一　数据选取

变量的描述性统计如表 6-1 所示，我们可以发现：贵州省城镇人口比重最小值为 23.87%，最大值为 69.44%，差距很大，查看原始数据（见表 6-2），我们可以看到，贵州省的城市化率并不是逐年递增的，而是在 1995—1999 年间持续出现了 60% 以上的城市人口比重，2000 年之后的城市化率骤降，在此基础上呈现逐年增加的趋势。

表 6-1　　　　　　　　　　　变量描述性统计结果

描述性统计					
控制变量	N	最小值	最大值	平均值	标准偏差
贵州省城镇人口比重（%）	17	23.87	69.44	39.9224	19.60279
第二产业比重（%）	17	36.12	42.60	38.7319	1.74099
第三产业比重（%）	17	26.81	48.78	37.2115	7.74582
人均 GDP（元人民币）	17	1796.09	16437.88	5711.6717	4401.65918
劳动者报酬（十亿元人民币）	17	41.24	298.25	108.3206	76.19990
生产税净额（十亿元人民币）	17	9.74	94.68	32.6059	23.61703
营业盈余（十亿元人民币）	17	4.12	97.81	35.4006	31.27000
非农产业比重（%）	17	63.96	87.26	75.9434	8.34868

表 6 - 2　　　　　　　　　　　　原始数据

年份	城镇人口比重（％）	第二产业比重（％）	第三产业比重（％）	人均 GDP（元人民币）	劳动者报酬（十亿元人民币）	生产税净额（十亿元人民币）	营业盈余（十亿元人民币）	非农产业比重（％）
1995	68.66	37.15	26.81	1796.09	41.24	9.74	5.31	63.96
1996	69.12	36.12	28.23	2007.59	46.40	11.93	5.65	64.35
1997	69.44	37.01	28.71	2199.06	51.26	13.82	6.05	65.72
1998	69.44	38.73	29.81	2301.48	56.43	14.44	4.60	68.54
1999	68.46	38.23	32.43	2457.84	61.00	16.47	4.12	70.66
2000	23.87	37.66	32.50	2742.01	62.17	18.88	7.80	70.16
2001	23.96	37.04	34.50	2983.15	63.18	20.11	12.32	71.54
2002	24.29	38.18	34.54	3240.55	68.71	20.78	15.20	72.72
2003	24.77	40.62	33.54	3685.53	78.64	21.85	22.42	74.16
2004	26.28	42.60	32.37	4297.64	76.83	25.13	40.78	74.97
2005	26.89	40.95	40.66	5376.46	91.50	29.06	48.31	81.60
2006	27.49	41.37	42.30	6225.66	101.99	34.80	56.71	83.67
2007	28.24	39.00	45.52	7666.43	123.44	43.48	69.19	84.52
2008	29.11	38.47	46.39	9390.49	166.47	50.92	64.80	84.86
2009	29.89	37.74	48.20	11062.14	209.50	58.36	60.41	85.94
2010	33.81	39.11	47.31	13228.40	244.44	69.85	80.33	86.42
2011	34.96	38.48	48.78	16437.88	298.25	94.68	97.81	87.26

二　模型设定

一方面，从数据上看，第二产业比重变动趋势不稳定，呈现波浪形变化，不利于时间序列的分析；另一方面，第三产业对于城市化的推动作用日益增强。因此，我们采用非农产业比重，即第二产业比重与第三产业比重之和作为工业化程度的指标①，此指标呈现相对平稳的变化趋势，有助于提高结果的准确度和解释的合理性。

　　四大控制变量——人均 GDP、劳动者报酬、生产税净额、营业盈余呈现较为平滑的递增变动趋势。人均 GDP 的变化巨大，从 1995 年的不足 1800 元，增加到 2011 年的 16000 多元，标准差很大；其他变量的涨幅也较大。

　　模型一：以城市化率为被解释变量，非农产业比重、人均 GDP、劳动者报酬、生产税净额、营业盈余为解释变量，做回归分析。我们逐步加入控制变量，看看这些变量对于研究工业化对城市化的作用有何影响。

　　第一步，我们只加入非农产业比重（IND）一个自变量，回归结果如表 6－3 所示。根据 t 统计量，我们可以推测，自变量前的系数在 1% 的水平下统计显著，同时，IND 的系数为 －1.5，说明在我们研究的这一年度区间内，工业化对城市化的作用是负向的，工业化水平提高 1%，城市化水平相应降低 1.5%。从回归结果上看，模型的拟合优度较低，说明自变量对因变量的解释力度不足，尚需要加入其他的自变量进行补充；DW 检验数值过小仅为 0.63（DW 检验是检验随机误差项的自相关问题，DW 值越接近 2，自相关情况就越弱，D ＜ 2，DW 越接近于 0，正自相关性越强，D ＞ 2，DW 越接近于 4，负自相关越强），说明随机误差项的自相关问题比较严重，该结果说服力不强。

---

　　①　孙长青：《基于 VAR 模型的城镇化、工业化与金融发展关系分析——以中原经济区为例》，《经济经纬》2012 年第 6 期。

表 6 - 3　　　　　　　　　　　回归结果 1

Dependent Variable：URBAN				
Method：Least Squares				
Sample：1995 2011				
Included observations：17				
Variable	Coefficient	Std. Error	t-Statistic	Prob.
C	154. 8010	35. 41283	4. 371326	0. 0005
IND	- 1. 512689	0. 463676	- 3. 262381	0. 0052
R-squared	0. 415048	Mean dependent var	39. 92235	
Adjusted R-squared	0. 376051	S. D. dependent var	19. 60279	
S. E. of regression	15. 48433	Akaike info criterion	8. 427665	
Sum squared resid	3596. 467	Schwarz criterion	8. 525690	
Log likelihood	- 69. 63515	Hannan-Quinn criter.	8. 437409	
F-statistic	10. 64313	Durbin-Watson stat	0. 633025	
Prob （F-statistic）	0. 005248			

　　第二步，我们在此基础上加入四个控制变量——人均 GDP、劳动者报酬、生产税净额、营业盈余，回归结果见表 6 - 4 所示，我们可以看到，IND 前的系数变化接近 - 3.2，说明在控制了社会、生产等相关变量后，工业化对城镇化的负向作用变大了，且在 5% 的显著性水平下统计显著。其他变量均没有通过 t 检验。值得注意的是，该模型的拟合优度有显著提升，达到 62.5%，DW 检验的结果接近于 1.3，自相关问题较轻。

表 6 - 4　　　　　　　　　　　回归结果 2

Dependent Variable：URBAN	
Method：Least Squares	
Sample：1995 2011	
Included observations：17	

续表

Variable	Coefficient	Std. Error	t-Statistic	Prob.
C	279.2773	94.71710	2.948541	0.0132
IND	-3.195110	1.431086	-2.232646	0.0473
GDP	0.049344	0.038879	1.269157	0.2306
SALARY	-1.346260	1.588838	-0.847324	0.4149
TAX	-2.971618	1.923176	-1.545162	0.1506
PROFIT	-1.011984	1.423633	-0.710846	0.4920
R-squared	0.625213	Mean dependent var	39.92235	
Adjusted R-squared	0.454856	S. D. dependent var	19.60279	
S. E. of regression	14.47350	Akaike info criterion	8.453080	
Sum squared resid	2304.304	Schwarz criterion	8.747155	
Log likelihood	-65.85118	Hannan-Quinn criter.	8.482312	
F-statistic	3.670008	Durbin-Watson stat	1.255154	
Prob（F-statistic）	0.033708			

　　模型二：以非农产业比重为被解释变量，城镇化率、人均GDP、劳动者报酬、生产税净额、营业盈余为解释变量，做回归分析。我们依然是逐步加入解释变量，看看这些变量对于研究城市化对工业化的作用有何影响。

　　第一步，我们只加入贵州省城镇人口比重（URBAN）和人均GDP两个自变量，[①] 回归结果见表6-5所示。我们可以看到，两个变量均在1%的水平上统计显著，城镇人口比重前的系数接近-0.15，说明城镇化对工业化的影响也是负向的，在其他条件不变的情况下，城镇化率每提高1个百分点，工业化率相应降低

---

　　① 此处不是仅加URBAN一个自变量的原因是为了避免重复，由于模型一中的第一步是研究IND对URBAN的影响，两者是线性关系，若此处再研究URBAN对IND的作用，则是一个方程的不同变换形式，没有太多的意义，因此，此处回归多加了一个代表宏观经济发展情况的人均GDP指标。

0.15 个百分点；GDP 前的系数为 0.0014，说明在其他条件不变的情况下，人均 GDP 每增加 10000 元，工业化水平会相应增加 14%。此模型的拟合优度较高，达到了 87%，DW 检验结果却差强人意，表明此结果的自相关问题较为严重。

表 6-5　　　　　　　　　　回归结果 3

Dependent Variable: IND				
Method: Least Squares				
Sample: 1995 2011				
Included observations: 17				
Variable	Coefficient	Std. Error	t-Statistic	Prob.
C	73.86797	2.594408	28.47199	0.0000
URBAN	-0.148049	0.044750	-3.308376	0.0052
GDP	0.001398	0.000199	7.015618	0.0000
R-squared	0.870461	Mean dependent var	75.94337	
Adjusted R-squared	0.851955	S. D. dependent var	8.348676	
S. E. of regression	3.212286	Akaike info criterion	5.330628	
Sum squared resid	144.4630	Schwarz criterion	5.477666	
Log likelihood	-42.31034	Hannan-Quinn criter.	5.345244	
F-statistic	47.03768	Durbin-Watson stat	0.836056	
Prob（F-statistic）	0.000001			

第二步，我们在此基础上加入三个控制变量——劳动者报酬、生产税净额、营业盈余，回归结果见表 6-6 所示，我们可以看到，URBAN 前的系数约为 -0.10，说明在控制了社会、生产等相关变量后，城镇化对工业化的负向作用变小了，且在 5% 的显著性水平下统计显著。其他变量均没有通过 t 检验。值得注意的是，该模型的拟合优度有所提高，达到 93.7%，DW 检验的结果接近于 1.3，自相关问题有所修正。

表 6 - 6　　　　　　　　　　回归结果 4

Variable	Coefficient	Std. Error	t-Statistic	Prob.
Dependent Variable: IND				
Method: Least Squares				
Sample: 1995 2011				
Included observations: 17				
C	72. 25135	4. 008359	18. 02517	0. 0000
URBAN	- 0. 097600	0. 043715	- 2. 232646	0. 0473
GDP	0. 001020	0. 007269	0. 140370	0. 8909
SALARY	0. 051064	0. 286196	0. 178423	0. 8616
TAX	- 0. 371406	0. 353499	- 1. 050655	0. 3160
PROFIT	0. 235564	0. 244355	0. 964026	0. 3557
R-squared	0. 936883	Mean dependent var	75. 94337	
Adjusted R-squared	0. 908193	S. D. dependent var	8. 348676	
S. E. of regression	2. 529620	Akaike info criterion	4. 964580	
Sum squared resid	70. 38877	Schwarz criterion	5. 258655	
Log likelihood	- 36. 19893	Hannan-Quinn criter.	4. 993811	
F-statistic	32. 65576	Durbin-Watson stat	1. 279705	
Prob（F-statistic）	0. 000003			

第二节　研究结论

根据以上数据分析，我们得出来一个超乎意料的结论。那就是，根据经验都是工业化是城镇化的原因。这是符合西方城市化发展历史的一个结论。工业化是原动力，而城市化则是工业化的结果。但是模型的分析却推翻了这一结论。

本书模型的分析得出的结论是：

（1）工业化推动城市化的规律在这里并不能成立，无论增加几个控制变量，我们都发现工业化的发展对城镇化的推动作用不显著，两者之间没有相关性，不存在因果关系。

（2）城镇化的发展是工业化的推动力量。根据我们的分析，在运用不同的控制变量之后，城镇化作为"因"，工业化作为"果"这一关系是成立的，而且通过了高显著率检验。

（3）分析其原因，可能的解释是我国的工业化和城镇化在很大程度上是并行的。改革开放三十余年的时间，这两个方面是齐头并进的。很多的时候，由于城镇化需要大量的建设材料并释放出大量剩余劳动力，从而为工业生产提供了充足的生产要素和广阔的消费市场，从而反过来带动了工业化的发展。城镇化能够促使生产要素向城镇聚集，调整产业结构的合理性和优化资源的配置，成为推进新型工业化模式的重要举措；城镇可以承接大量的农村剩余劳动力，这不仅带动了农民增收，而且还在一定程度上有效缓解了农村用地紧张的矛盾；城镇化对于实现统筹城乡区域协调发展、缩小城乡区域差别的国家区域战略目标具有重要意义。城镇化是推动现代经济增长的重要力量。人口在城市的空间聚集会产生规模经济效应，显著降低了私人和公共投资的平均成本与边际成本，创造了更大的市场需求和更高的利润空间。随着人口和经济活动的不断集中，市场需求会以多元化的方式迅速增长，促进专业化分工的深化，从而提高了经济发展的效率。

随着经济全球化的发展，像金融业和保险业、计算机和信息服务业这样的新型研究开发业、现代服务业，必须依托城市的发展才能实现扩张。同时，城市产业的高回报吸引更多的资金、技术和知识向城市流入，这些要素的整合会进一步诱发技术创新和流动，进而催生出新的产业。因此，城市成为现代经济活动中最具有活力的区域。

城镇化有利于基本公共服务的普及，提高公共服务的质量，促进居民教育水平、生活水平和健康水平的提高。城市人口的适度集中，降低了教育、医疗卫生等公共服务和公共基础设施供给的平均成本。城市在公共服务数量和质量上的优势也不仅是由城市良好的经济基础决定的，同时也是由城市集中的相关优秀的人力资源所决定的。

城镇化有利于帮助政府改善治理。城镇化拉近了政府与民众的空间距离，政府及其官员的举动变得易于观察和监督。人口的集聚不仅推动了经济活动的分工和专业化，而且促进了社会生活的组织化，居民可以找到更加专业的平台和方式向政府表达自己的意愿，在降低了公众意见传播成本的同时，更易于民众采取集体行动。在城市化水平低的发展中国家，虽然农村人口众多，但是由于其聚集程度低、居住分散、交通和通信水平低，采取集体行动的人均成本比较高。因此，在政府政策影响力方面，与城市居民相比，数量更为庞大的农民群体反而影响力并不占优势。

长期来看，城镇化有助于缩小城乡和地区发展差距，促进公平的发展。早在1776年，亚当·斯密就在《国富论》一书中对都市商业可以改善农村发展水平的问题作过精辟的阐述。斯密认为富裕的工商业都市为农村的产品提供了巨大的市场，促进农村不断开发土地，发展农业产业，促使农村向着秩序良好、政府友好、人身自由和安全的方向发展。① 如果在城市化过程中，没有很好地解决农民的土地和居所问题，快速的城市化可能会产生很多新问题。1975—2005年是韩国快速城市化的时期，30年里韩国农村人口减少了76%。但是，由于农村土地兼并造成了大量失地农民迁移到城市得不到良好的就业和公共服务，失地农民只

---

① 参见［英］亚当·斯密《国富论》第三篇第4章，郭大力、王亚南译，商务印书馆2014年版。

好集中居住在破陋的棚户区，成为城市贫民。同时，城市的土地和住房管理体制的不健全也助长了贫民窟的出现。

印度贫民窟的形成主要是从非法占用公共或者私人用地开始的。比如，孟买世贸大厦建成之后，没有妥善安排周围工人的居住问题，使大厦旁边当初参与建设的工人居住的地方形成了一片贫民窟。政府对租房控制不利导致出租房缺乏，也在一定程度上造成了贫民窟的蔓延。孟买已经15年没有建造新的出租房，但是当800多万人挤在贫民窟里时，孟买却还有40万套住房闲置。贫民窟大范围的存在折射了公共政策在包容性及公平性上的不足。政府如果不能为涌入城市的大量缺乏教育和劳动技能、资产微薄甚至赤贫的农村人口提供基础性的教育、职业培训和医疗保障等公共服务，不提供安全饮用水等基础设施，贫民窟的迅速蔓延就难以避免的。

从国际城镇化发展的二百多年历程来看，城市化为人的全面发展创造了巨大的潜在机会，包括提高人民生活水平，普及公共服务完善社会治理，缩小城乡和地区发展差距等。但是这种潜在机会转化为现实的可能性，在很大程度上是由政府公共政策的导向决定的，一个国家的土地政策、住房、就业、社会保障等公共服务的供给，以及经济增长方式和收入分配方式等也会对其产生影响。

第七章

贵州省以城镇化带动工业化的
发展战略

　　根据前面的分析，我们发现，贵州作为典型的西部省份，其工业化与城镇化之间的逻辑关系具有特殊性。具体表现出来就是城镇化成为工业化的先导因素。这种因果关系已经颠覆了传统的发展经济学理论。本章针对城镇化带动工业化的战略结合提出建议。后面的章节再提出两化发展对整个社会的全面发展战略。

第一节　城镇化战略的进一步推行

一　贵州省城镇化战略的目标

　　截至 2012 年，贵州省全省范围内城镇化率达到 35%，比去年提高 1.2 个百分点。《黔中经济区发展规划》上升到国家层面，《贵州省"十二五"城镇化发展专项规划》批准实施，编制完成了《贵州省城镇体系规划纲要（2011—2030 年）》《黔中经济区核心区空间发展战略规划》，实现了 9 个市州地中心城市近期建设地区控制性详细规划全覆盖，完成 134 个镇（乡）、3110 个村规划编制；促进城镇化发展的户籍、住房、教育、医疗、社保等体制机制改革取得积极进展，在 10 个县开展了省级统筹城乡综合配套改革试点，启动了全国第三批中小城市和小城镇发展改革试点工作；毕节和铜仁撤地设市获国务院批准。新农村建设积极推进，实施了 55 个农村环境综合整治项目和 80 个农村清洁工程。①

根据贵州省"十二五"规划，到 2015 年，省域城镇人口达到 1450 万人，城镇化率达到41%；城镇体系逐步优化，城镇综合承载能力显著提高；以交通、水利为重点的基础设施建设取得突破性进展；产业结构调整取得明显成效，综合经济实力大幅提升，工业化、城镇化带动作用显著增强，农业现代化水平明显提高；单位地区生产总值能耗明显下降，主要污染物排放总量得到有效控制，环境质量总体保持稳定；城乡基本公共服务水平明显提升，全面建设小康社会实现程度接近西部地区平均水平。

预计到 2020 年，省域城镇人口达到 1850 万人，城镇化率达到50%；城镇体系结构日趋完善，城镇综合承载能力达到西部地区平均水平；适应经济社会发展的现代综合交通运输和水利工程体系基本建成；现代产业体系基本形成，经济发展质量和效益明显提高，综合竞争力显著增强，科技创新能力明显提升；环境质量良好；城乡基本公共服务达到全国平均水平，城乡居民收入显著提高，全面建成小康社会。

长远目标定为，到 2030 年，省域城镇人口达到 2700 万人，城镇化率超过60%；基本形成较为完善的城镇体系格局，城镇综合承载能力达到西部发达地区水平；适应城乡经济社会发展的基础设施体系全面建成；现代产业体系日趋完善，经济

---

① 《贵州省 2011 年国民经济和社会发展计划执行情况与 2012 年国民经济和社会发展计划草案的报告》，2012 年 1 月 10 日在贵州省第十一届人民代表大会第六次会议上发表。

发展高效，核心竞争力逐步优化，科技创新能力不断提升，民族文化长足发展；环境质量优越；城乡基本公共服务、城乡居民收入接近西部发达地区水平，建设成为多民族和谐共生的生态文明省区。

二　贵州省城镇空间布局结构

空间布局的重要性毋庸置疑，城镇化的规划中，最有操作意义的就在空间布局方面。

（1）城镇空间布局策略。根据贵州地形及资源条件，立足城镇及产业空间的现状分布基础，结合城镇与产业发展的未来趋势，确定"双核引领、集聚两圈，中心带动、节点支撑、集群发展"的城镇整体空间布局策略。

（2）城乡空间布局结构。规划形成"两圈、九群为城镇主体、五区为城乡统筹发展单元"的省域城乡空间格局。即，位于中部地区的贵阳—安顺与遵义两个都市圈和位于东西两翼的九个特色城镇组群形成的省域城镇发展主体；其中两个都市圈及毕节（含大方县）、都匀市、凯里市（含麻江县）等重要中心城市构成远期培育的黔中城市群。将全省划分为五个以城带乡、城乡一体化发展的次区域，是构筑新型城乡关系，实施城乡统筹发展政策的载体。

以下是贵州已有的空间布局。

根据现有规划，整个城镇体系规划将按照以下布局进行。

具体来说：

两圈：为发挥中心城市辐射带动与组织作用，推动人口、产业、基础设施等生产要素的大规模集聚，以贵阳和遵义为核心，邻近城镇为紧密组成部分，建设贵阳—安顺和遵义两大都市圈，

图 7 - 1　贵州省空间布局

资料来源：《贵州省城镇体系规划（2012—2030）》，贵州省人民政府制订，2012 年 12 月。

推动都市圈内城镇的产业分工合作、设施共建共享，形成带动全省城镇化发展的核心增长极，并成为在我国西南地区具有较强竞争力的经济发展引擎和对外开放的综合功能核心区。

九群：为整合特色产业集群优势、提升区域竞争力，以矿产资源加工、农特产品加工及流通、旅游服务等城镇为支撑，促进安顺、六盘水、毕节、铜仁、兴义、盘县、都匀、凯里、德江、从江（洛贯新城）等中心城镇功能升级，进一步带动周边小城镇集群发展，形成九个各具特色的城镇组群，强化组群中心城市对地区的产业经济服务职能，构筑中心城市与其他专业城镇间网络化的组织模式。

五区：充分发挥"两圈九群"的辐射带动作用，利用省域内各区域高度差异的资源禀赋条件，强化"两圈九群"地区与外围城镇散点发展地区的功能互动，以特色产业功能为纽带，以就业吸纳和消除贫困为重点，探索镇村联动、城乡统筹的发展路径，构建各具特色、差异互补的中部、北部、东北部、东南部和毕水兴等五个次区域（如图7-2）。

图7-2　城乡空间布局结构

资料来源：《贵州省城镇体系规划（2012—2030）》，贵州省人民政府制订，2012年12月。

（3）打造贵阳—安顺都市圈。贵阳—安顺都市圈以贵阳都市区和安顺中心城市为发展核心。以对内对外双向开放为动力，以城市新区开发为重点，与周边省区高位对接，以承接区域产业转移、发展本地特色资源型产业为动力，重点发展装备制造、资源深加工、战略性新兴产业和现代服务业；同时以高等级城市为载体建设辐射全省的综合交通枢纽、高端产业服务平台与现代制造业基地。范围包括贵阳市辖区、清镇市、修文县、平坝县、龙里县、安顺市辖区、息烽县、开阳县、普定县、镇宁县、黔西县、织金县、贵定县、惠水县、长顺县、瓮安县、福泉市等区县（市）。

（4）发展遵义都市圈。遵义都市圈以遵义都市区为发展核心，重点加强与重庆、四川南部地区重点城镇的产业分工与合作，兼顾武陵山地区经济协作和扶贫攻坚，加快承接产业转移，发展航天等装备制造、金属冶炼及深加工、化工、特色轻工、旅游等产业，形成带动省域的次级综合交通枢纽、产业服务平台与现代制造业基地。范围包括遵义市辖区、遵义县、绥阳县、金沙县、仁怀市、桐梓县、湄潭县等区县（市）。

（5）培育"毕节—大方—赫章—纳雍"城镇组群。"毕节—大方—赫章—纳雍"城镇组群的主导功能为矿产资源深加工、农特产品加工与装备制造。以毕节（含大方）为中心城市，培育并加强职教培训、商贸物流、商务会展、批发零售等现代服务业，积极引入农特产品精深加工，带动赫章县城、六曲河、可乐、六龙、黄泥塘等农特产品加工与商贸流通型小城镇的发展；依托资源型经济基础，加快资源产业转型升级，积极推进资源深加工、装备制造以及上下游生产服务，带动纳雍县城、王家寨镇、龙场镇等资源型小城镇的发展。

（6）促进"六盘水—水城—威宁"城镇组群建设。"六盘水—水城—威宁"城镇组群的主导功能为矿产资源深加工、装备制造、农特产品加工、生态旅游和商贸物流。以六盘水和水城县城为中心城市，重点发展矿山机械、汽车等装备制造业，发展冶金、钢材等重工业，推进"煤电化""煤钢电"等循环经济产

业试点，加快资源产业转型升级，提升科技研发、商贸物流、商
务会展、批发零售等现代服务业水平，带动玉舍、大湾等资源型
小城镇的发展；依托本地农特产品资源和重大交通设施的辐射带
动，积极承接产业转移，培育并发展农特产品精深加工业，带动
威宁县城以及迤那、东风等农特产品加工与商贸物流型小城镇的
发展。

（7）建设"盘县—普安—晴隆"城镇组群。"盘县—普安—
晴隆"城镇组群的主导功能为资源深加工以及资源衍生制造。以
盘县县城为中心城市，加强生产生活组织功能，职教培训、商贸
物流、商务会展、批发零售等现代服务业，提升普安县城、晴隆
县城等小城镇的基本公共服务职能；重点发展资源衍生的制造业
和商贸物流业，推进"煤钢电""煤电化"等循环经济产业试点，
带动柏果、鸡场坪、保田等资源型小城镇的发展。

（8）发挥"兴义—兴仁—安龙—贞丰"城镇组群的带动作
用。"兴义—兴仁—安龙—贞丰"城镇组群的主导功能为旅游服
务、矿产资源深加工和农特产品加工。以兴义为中心城市，重点
构建黔滇桂交界地区的旅游服务中心，组织区域旅游服务，带动
安龙县城、泥函、万峰湖、白层、巴铃、龙广等旅游型小城镇的
发展；推进矿产资源的开发利用，延伸资源型产业的上下游产业
链，带动兴仁县城、贞丰县城、青山、清水河等矿产型小城镇的
发展；依托本地农特产品和重大交通设施的辐射带动，积极承接
产业转移，培育并发展农特产品精深加工业，带动安龙县城、威
舍、德卧等商贸物流型城镇的发展。

（9）"都匀—独山—丹寨—三都—平塘"城镇组群。"都匀—
独山—丹寨—三都—平塘"城镇组群的主导功能为现代制造业、
农特产品加工业与生态文化旅游。以都匀为中心城市，依托区域

重大交通设施，重点发展精密仪器、电子产品等制造业，积极承接珠三角产业转移发展轻工制造业，整合组群资源发展农特产品精深加工，培育商务服务和商贸流通，带动独山县城、丹寨县城、墨冲、兴仁、坝固等一批农特产品加工与商贸物流型小城镇的发展；依托本地民族文化和旅游资源，培育并发展生态文化旅游，带动丹寨县城、三都县城、平塘县城、洛邦、克渡、洛邦、拉揽等旅游型小城镇的发展。

（10）促进"凯里—麻江—黄平—施秉—镇远—雷山—台江—剑河"城镇组群。"凯里—麻江—黄平—施秉—镇远—雷山—台江—剑河"城镇组群的主导功能为生态文化旅游、现代服务、商贸流通和轻工制造。以凯里为中心城市，推进凯里—麻江一体化，构建依托贵阳、联系湖南、承接广西的区域旅游组织中心，带动镇远县城、施秉县城、黄平县城、雷山县城、剑河县城、旧州等旅游型小城镇以及郎德、西江等旅游型村寨的发展；依托区域重大交通设施，重点发展精密仪器、电子信息等制造业，积极承接珠三角产业转移发展轻工制造业；整合本地资源，发展农特产品精深加工，培育商务服务和商贸流通，带动发展麻江县城、施秉县城、剑河县城等农特产品加工与商贸物流型城镇的发展；依托本地丰富煤炭资源，有序推进矿产资源的开发利用，带动发展麻江县城、炉山、蕉溪等矿产型小城镇的发展。

（11）建设"从江—黎平—锦屏—榕江"城镇组群。"从江—黎平—锦屏—榕江"城镇（村）组群的主导功能为文化旅游与旅游服务。以从江县洛贯新城为中心，构筑依托桂林跨越型发展的区域旅游组织中心，培育旅游接待、文化展演、商务会展等旅游服务职能，提升现代服务水平，带动黎平县城、榕江县城、锦屏县城、肇兴、高增、隆里等旅游型小城镇的发展。积极发掘黎平机场和洛贯新城高铁车站的区域集散作用，依托苗侗少数民族村寨旅游目的地和非物质文化遗产展演，构筑多元性旅游线路，促进芭沙、小黄等旅游型村寨的发展。

（12）"铜仁—松桃—江口—玉屏—岑巩—三穗—天柱"城镇组群。"铜仁—松桃—江口—玉屏"城镇组群的主导功能为旅游服务、现代制造和资源深加工。以铜仁为中心城市，构建对接湘西、组织梵净山的区域旅游服务中心，培育旅游接待、文化展演、商务会展等旅游服务职能，提升现代服务水平，推动江口县城、太平、寨英等环梵净山旅游型小城镇；依托本地矿产资源、积极承接东部产业转移，发展新型建材、新材料、节能环保等制造业和资源深加工产业，促进松桃县城、大兴、大龙等资源型小城镇的发展。

（13）孕育"德江—印江—思南—沿河"城镇组群。"德江—印江—思南—沿河"城镇组群的主导功能为农特产品精深加工、商贸物流和旅游服务。以德江县城为中心城市，强化生活生产服务与组织作用，加强区域对接，提高商贸物流水平，发展农特产品精深加工，促进思南县城、印江县城、煎茶、塘头等农特产品加工与商贸物流型小城镇的发展。提高旅游服务水平，开拓旅游组织线路，带动沿河县城、印江县城、木黄等旅游型小城镇的发展。

第二节　以城镇化为龙头，带动新型工业化发展

2012 年，贵州全省工业增加值增长 21.5%，超过计划 1.5 个百分点，工业对生产总值增长的贡献率达到 45.5%，比上年提高 6 个百分点，成为拉动经济增长的主要力量。服务业发展加快。

预计第三产业增加值增长 15%，比上年提高 2.9 个百分点，超过计划 1.5 个百分点。

贵州的工业发展受到党中央国务院的高度重视。2012 年，国务院下发《国务院关于进一步促进贵州经济社会又好又快发展的若干意见》（国发〔2012〕2 号），其中特别指出：

> 贵州是我国西部多民族聚居的省份，也是贫困问题最突出的欠发达省份。贫困和落后是贵州的主要矛盾，加快发展是贵州的主要任务。贵州尽快实现富裕，是西部和欠发达地区与全国缩小差距的一个重要象征，是国家兴旺发达的一个重要标志。贵州发展既存在着交通基础设施薄弱、工程性缺水严重和生态环境脆弱等瓶颈制约，又拥有区位条件重要、能源矿产资源富集、生物多样性良好、文化旅游开发潜力大等优势；既存在着产业结构单一、城乡差距较大、社会事业发展滞后等问题和困难，又面临着深入实施西部大开发战略和加快工业化、城镇化发展的重大机遇；既存在着面广量大程度深的贫困地区，又初步形成了带动能力较强的黔中经济区，具备了加快发展的基础条件和有利因素，正处在实现历史性跨越的关键时期。进一步促进贵州经济社会又好又快发展，是加快脱贫致富步伐，实现全面建设小康社会目标的必然要求；是发挥贵州比较优势，推动区域协调发展的战略需要；是增进各族群众福祉，促进民族团结、社会和谐的有力支撑；是加强长江、珠江上游生态建设，提高可持续发展能力的重大举措。

一　指导思想与基本原则

贵州工业化建设以邓小平理论和"三个代表"重要思想为指导，

深入贯彻落实科学发展观，紧紧抓住深入实施西部大开发战略的历史机遇，以加速发展、加快转型、推动跨越为主基调，大力实施工业强省和城镇化带动战略，着力加强交通、水利设施建设和生态建设，全面提升又好又快发展的基础条件；着力培育特色优势产业，积极构建具有区域特色和比较优势的产业体系；着力加大扶贫攻坚力度，彻底改变集中连片特殊困难地区城乡面貌；着力保障和改善民生，大幅提高各族群众生活水平；着力深化改革扩大开放，不断增强发展的动力和活力，努力走出一条符合自身实际和时代要求的后发赶超之路，确保与全国同步实现全面建设小康社会的宏伟目标。

贵州省工业化建设的基本原则为：

（1）坚持科学发展，转变经济发展方式。牢固树立全面协调可持续的发展理念，把后发赶超与加快转型有机结合起来，走新型工业化、城镇化道路，在发展中促转变，在转变中谋发展。

（2）坚持统筹协调，促进"三化"同步发展。在加快工业化、城镇化进程中，始终把农业现代化建设和社会主义新农村建设放在突出重要位置，推进城乡区域协调发展，构建城乡一体化发展新格局。

（3）坚持以人为本，切实保障改善民生。始终将解决人民群众切身利益问题摆在全局工作首位，让发展改革成果进一步惠及城乡居民，保护、调动和发挥各族群众盼发展、谋发展、促发展的积极性。

（4）坚持改革开放，创新发展体制机制。解放思想，锐意进取，把改革开放作为加速发展、加快转型、推动跨越的强大动力，不断破除体制机制障碍，不断优化投资和发展环境，不断提高对内对外开放水平。

（5）坚持自力更生，加大国家支持力度。充分发扬"不怕困难、艰苦奋斗、攻坚克难、永不退缩"的贵州精神，依靠自身努力加快发展，进一步加大中央支持和发达地区对口帮扶力度。

二 贵州省工业的战略定位与目标

按照国务院的布局，贵州工业方面的定位为：全国重要的能源基地、资源深加工基地、特色轻工业基地、以航空航天为重点的装备制造基地和西南重要陆路交通枢纽。大力实施优势资源转化战略，构建特色鲜明、结构合理、功能配套、竞争力强的现代产业体系，建设对内对外大通道，打造西部地区重要的经济增长极。发展目标为，到2015年，以交通、水利为重点的基础设施建设取得突破性进展；产业结构调整取得明显成效，综合经济实力大幅提升，工业化、城镇化带动作用显著增强，农业现代化水平明显提高；单位地区生产总值能耗明显下降，主要污染物排放总量得到有效控制，环境质量总体保持稳定；石漠化扩展趋势得到初步扭转，森林覆盖率达到45%；社会事业发展水平明显提升，扶贫对象大幅减少，全面建设小康社会实现程度接近西部地区平均水平。

到2020年，适应经济社会发展的现代综合交通运输体系和水利工程体系基本建成；现代产业体系基本形成，经济发展质量和效益明显提高，综合竞争力显著增强，城镇化水平大幅提高，科技创新能力明显提升；石漠化扩展势头得到根本遏制，森林覆盖率达到50%，环境质量良好；基本公共服务达到全国平均水平，城乡居民收入显著提高，实现全面建设小康社会奋斗目标。

三 空间布局与保障建设

按照"黔中带动、黔北提升、两翼跨越、协调推进"的原则，充分发挥黔中经济区辐射带动作用，加快建设黔北经济协作区，积极推动毕水兴（毕节、六盘水、兴义）能源资源富集区可持续发展，大力支持"三州"（黔东南州、黔南州、黔西南州）等民族地区跨越发展，构建区域协调发展新格局。

坚持把交通基础设施建设放在优先位置，按照统筹兼顾、合理布局、适度超前的原则，加快构建现代综合交通运输体系，打破交通瓶颈制约。其中包括：

（1）推进铁路建设。加强贯通东西、连接南北的铁路大通道建设，提高运输能力，扩大路网覆盖面。加快干线铁路建设，打通与外部区域的快速通道，尽快开工建设成贵、渝黔铁路，与贵广、长昆铁路共同构成通往省外的快速大能力通道，加快实施南昆、黔桂、渝怀铁路扩能改造等工程，提高既有铁路通行能力。完善路网结构，规划建设隆昌至百色贵州段、织金至纳雍、昭通至黔江贵州段等铁路，规划研究毕节经水城至兴义、黔江经贵阳至河口、都匀经凯里至黔江、兴义至永州等铁路，逐步形成新的对外通道。继续实施铁路电气化改造，建设和改造贵阳、六盘水、毕节、安顺等一批铁路枢纽，形成布局完善、功能协调的区域综合交通枢纽。

（2）加大公路建设力度。加快建设国家高速公路网贵州境内路段，推动银川至龙邦、都匀至西昌、毕节至兴义、成都至遵义等公路项目建设，打通连接周边地区的公路通道。完善省内干线公路网络，建设松桃经铜仁至黎平、赤水经正安至沿河、贵阳至瓮安、清镇至黔西、安康经南川至麻江、赤水经罗甸至百色等路段，力争相邻市（州）通高速公路。扩大国省道路网覆盖范围，加大国省干线改造力度，基本实现具备条件的县城通二级及以上标准公路。到2020年基本实现村村通柏油路。加快重点城镇、重点工矿区与高速公路的快速联络线和专用公路建设。推进重要节点客货站场和农村客运站场建设。

（3）促进民航和水运发展。推进贵阳龙洞堡西部地区重要枢纽机场建设，发展临空经济，适时建设三期扩建工程，新增和加密直达日韩、东南亚及国内大型枢纽机场的客货运航线航班。加快支线机场建设，改扩建铜仁等机场，建设遵义、黄平等机场，研究建设仁怀茅台机场，开展黔北、威宁、罗甸等机场前期工作。鼓励和引导航空公司开辟和增加航线，提高航班频次。支持航空公司在贵州设立基地，扩大机队规模。支持支线航班和支线机场运营。积极发展通用航空，适时试点开放低空空域。积极发展水路运输，规划研究打通西南地区连接长三角、珠三角地区水运通道，重点推进红水河龙滩、乌江构皮滩等水电枢纽通航设施建设，支持都柳江干流航电结合梯级开发，因地制宜发展库区航运特别是旅游客运。

（4）加强能源通道建设。加快实施500千伏独山至桂南电力外送新通道建设。完善省内500千伏主网架，加快建设毕节—大兴北部通道、兴仁—独山南部通道，形成覆盖全省的坚强电网。依托中缅天然气管道、中卫至贵阳天然气管道，建设支线管网，提高天然气供应能力。支持建设成品油储备设施。

（5）推动信息网络设施建设。稳步推进电信网、广播电视网、互联网融合发展，提高电话、互联网普及率，加快城市光纤宽带接入，力争行政村基本通宽带，已通电的20户以上自然村和重要交通沿线通信信号基本覆盖。加快完善公共服务领域的信息化建设，推进数字化城市建设和信息资源整合，促进互联互通和资源共享，实施电子政务提升工程和"三农"信息服务工程，强化信息网络安全与应急保障基础设施建设，加快邮政普遍服务体系建设，等等。

四　发挥比较优势，促进优势产业发展

按照市场需求导向、发挥资源优势、优化空间布局、促进转型升级的要求，坚定不移地走新型工业化道路，加快构建现代产业体系。

加强煤炭资源勘查，推进资源整合与优化开发，加快大型煤炭基地建设。推进煤矿企业兼并重组，重点发展大型企业集团。稳步推进矿业权整合，提高资源勘查开发规模化、集约化程度。加强"西电东送"火电基地电源点建设，加快建设六枝、织金、安顺三期、清江等一批大型坑口电厂和路口电厂。合理布局建设煤矸石综合利用电厂，支持产业园区和城市发展热电联产机组，允许符合条件的企业开展大用户直供电。积极推动煤电联营。稳步推进乌江和南北盘江、红水河等重点流域梯级水电开发，积极推进龙滩二期工程研究论证。积极开发风能、太阳能、生物质能、地热能、浅层地温能等新能源。2015 年贵州电力装机达到 5000 万千瓦。加强天然气和石油勘查勘探力度，推进页岩气、煤层气等非常规油气资源的勘探、开发和综合利用。

加强矿产资源勘查开发。认真组织实施贵州省矿产资源总体规划，加大矿产资源调查评价、勘查、开发利用与保护力度。加快建设国家重要的煤电磷、煤电铝、煤电钢、煤电化等一体化资源深加工基地。加强磷矿资源整合，建设织金—息烽—开阳—瓮安—福泉磷煤化工产业带。积极推进铝、钛、钡、钒、锰等资源精深加工一体化，建设清镇—黔西—织金煤电铝、煤电化循环经济示范基地。积极推进贵阳城市钢厂搬迁和水城钢厂升级改造。以资源环境承载能力为基础，支持煤炭清洁高效综合利用，在资

源富集区推进煤炭深加工，建设毕节、六盘水煤制烯烃和贵阳乙二醇等项目。优化发展高载能行业。鼓励发展非金属精细化工，在安顺、铜仁建设全国精细碳酸钡生产和研发基地。积极发展氯碱化工和橡胶加工，扶持发展林化工。优化发展传统建材，积极开发生产新型节能环保建材。

发挥国防科技工业优势，鼓励地方科研单位和军工科研院所合作，促进军工、民用技术双向转化和科研机构资源共享，发展壮大军民结合产业，推动军工经济与地方经济融合发展。大力发展航空航天装备、汽车及零部件、能矿产业装备和工程机械。巩固壮大精密数控装备和关键基础件、新型电子元器件和电力装备、铁路车辆及备件等产业。培育发展冶金、风电、农业机械等特色装备。支持安顺民用航空产业国家高技术产业基地加快发展，建设通用飞机、无人机、教练机等生产和试训基地，配套发展通用航空产业。依托贵阳、遵义国家级开发区加快发展航天产业。

利用赤水河流域资源和技术优势，适度发展名优白酒，确保产品质量，维护品牌声誉，推动建设全国重要的白酒生产基地。努力提高茶叶加工能力和水平，提升黔茶知名度和市场竞争力。积极推进中药现代化，大力发展中成药和民族药。做强做优特色食品工业，培育一批龙头企业，打造一批知名品牌。

发展新材料、电子及新一代信息技术、生物技术、新能源汽车等新兴产业，重点开发一批具有比较优势的产品，形成新的经济增长点。支持金属及其合金材料、电子功能材料产业发展，建设贵阳、遵义新材料产业基地。重点发展电子元器件、软件、混合集成电路等产业，支持发展新一代移动通信技术及相关产业。在贵阳、遵义、安顺、黔南等地培育生物医药、生物育种产业，大力发展节能技术和环保产业。建设光伏产品研发及新能源汽车产业基地。

鼓励企业与科研院所建立产学研联盟，加强核心技术和关键技术研发。推进科技基础设施、创新平台和创新载体建设，鼓励和支持国家大型科研单位、重点高校在贵州设立科研机构和成果转化中心，支持建设国家重点（工程）实验室、工程（技术）研究中心、企业技术中心。加快500米口径球面射电望远镜项目建设。支持贵阳、遵义建设创新型城市。探索承接产业转移新模式，搭建企业孵化器、产业园区等促进技术和成果转化的合作平台，鼓励支持先进实用技术的应用、科技成果的宣传及普及，通过技术转移带动产业转移。

全面落实国家下达的节能减排任务，大力实施重点节能改造工程，支持高载能行业节能改造，新建和改建一批重点节能项目。在建筑领域积极推广节能墙体材料等节能产品和技术，实施建筑节能和公共机构节能示范工程。大力推进粉煤灰、磷硫石膏、煤矸石、尾矿等工业废弃物资源化、规模化和产业化利用。加快淘汰落后产能，支持重点行业实施技术改造和清洁生产。深入推进"城市矿产"、园区循环化改造等重点领域循环经济发展。继续推进贵阳国家循环经济试点城市、低碳试点城市建设和节能减排财政政策综合示范工作。支持六盘水开展循环经济示范城市建设。

加快建设贵州与周边地区的物流通道，规划建设以贵阳为中心的区域性物流基地，遵义、安顺、毕节、六盘水等物流节点城市，建设黄桶幺铺等一批现代物流园区。大力培育和引进第三方物流企业，研究完善物流企业营业税差额纳税试点办法。积极培育发展地方金融机构，鼓励股份制银行在贵州设立分支机构。支持符合条件的农村信用联社改制组建农村商业银行，鼓励银行业金融机构在贵州设立村镇银行。支持组建贵州银行、茅台集团财务公司。积极发展证券、保险业。大力发展会展业，支持办好中国（贵州）国际酒类博览会。加强城市商业网点建设，积极推进农产品批发市场升级改造，支持建设现代化的中药材批发市场和酒类交易市场。积极发展人力资源服务业以及家政、养老等家庭服务业。支持开展服务业综合改革试点工作。

把文化和旅游产业发展成为支柱产业。依托贵州多民族文化资源的优势，建设一批具有区域特色的文化产业基地和文化产业群。深入挖掘民族文化，做大做强以"多彩贵州"为代表的工艺美术、民族歌舞、节庆会展、戏剧、动漫等文化品牌，培育一批有特色、有实力、有竞争力的文化骨干企业，积极引进文化产业领域的战略投资者。加强旅游基础设施建设，提升服务水平，着力打造一批精品旅游路线。建设黄果树、荔波、梵净山、雷公山等精品景区，培育"爽爽贵阳""梵天净土""水墨金州""凉都六盘水"等一批休闲旅游度假胜地。加强遵义、镇远、习水、青岩、西江等历史文化名城（名镇、名村）和其他旅游资源富集城镇的保护和建设。大力发展红色旅游业，实施红色旅游二期建设方案，加强以遵义会议纪念体系为重点的经典红色景区基础设施建设。积极开发蜡染、服饰、银饰、苗绣、漆器、紫袍玉带石雕等特色旅游商品。支持贵州符合条件的地区申报世界自然遗产。

通过优势产业的发展，促进贵州工业的全面升级，从而带动贵州成为我国西部的一颗经济、社会全面发展的明珠。

第八章

以生态文明观作为城镇化
和工业化的指向

胡锦涛同志曾在 2007 年撰文指出："未来理想社会是社会生产力高度发达和人的精神生活高度发展的社会，是每个人自由而全面发展的社会，是人与人和谐相处，人与自然和谐共生的社会。"① 这是我党高层首次明确生态文明观在决策制定中的重要地位，也是首次将一切经济工作的发展指向明确化，也是确立生态文明观为建设有中国特色社会主义事业的重要目标和价值追求，更是建设社会主义和谐社会理论体系的基石。

本书的研究所涉及的内陆省份工业化与城镇化的问题也需要有一个指向的问题。在经历了多年两位数的经济增速，贵州省也和全国其他省份一样面临着人与自然之间的巨大矛盾。经济建设的成就远超于精神文明建设和生态建设的步伐。和谐社会是一个包含了经济层面、政治层面、文化层面、社会层面和生态层面五位一体的综合体系。在经济建设的成就上，构建人与自然之间的和谐关系将是未来阶段的重中之重，也是本书所提出的新型工业化和城镇化的主体思路。本章从更加宏观的视角，提出贵州工业

---

① 胡锦涛：《切实做好构建社会主义和谐社会的各项工作 把中国特色社会主义伟大事业推向前进》，《求是》2007 年第 1 期。

化、城镇化发展对整体社会发展的带动战略。

第一节　生态文明观的界定

一　生态文明的概念提出

随着工业化时代给资源和环境带来的影响越来越大，人类历史进入后工业化时代之后开始对传统工业文明进行反思。20 世纪60 年代，西方关于生态文明作为工业化进一步发展的指导方向的研究越来越多，而我国学者到了 80 年代后期也逐渐意识到了生态文明在经济建设中的指导作用。

所谓生态文明，其核心内容和胡锦涛同志提出来的"和谐社会"在理论上是一致的。其概念可以涵盖主流学家两个方面的观点。

一种观点认为生态文明就是人与自然的和谐。所谓的生态文明，从发展哲学的意义上说，指的是一种人与物的合生共荣、人与自然协调发展的文明形态。[①] 也是把发展与生态保护结合起来，在保护生态环境的前提下实现经济发展，在发展的基础上改善生态环境。[②]

随着我国决策层认识的不断升级，生态文明对处于发展阶段的我国来讲更是意味着社会和谐。人与自然的和谐过程本质上是人与人之间和谐过程的体现。人与人之间的利益矛盾，尤其是在市场经济的环境中，利益集团之间的利益冲突是导致人与自然冲突的根源。人与人之间的矛盾映射到人与自然关系中就造成了对生态的破坏。生态是否文明发展其本质是人类社会文明进步程度

[①]　高长江：《生态文明：21 世纪文明发展观的新维度》，《长白学刊》2000 年第 1 期。

[②]　姬振海：《生态文明论》（序），人民出版社 2007 年版。

的一种体现。因此，建立有序的生态运行机制和良好的社会环境，建立高度的物质文明、精神文明、制度文明才是保障全面发展的根本性措施。①

结合狭义和广义的理解，还可以动态地看待生态文明观的建立。在生态文明观建立之初，人们关注实际问题，因此生态文明主要强调人与自然之间的和谐发展，主要是希望能够在经济发展的同时兼顾生态环境的承受能力，从而实现持续发展。但是随着研究的逐步深入以及生态文明观念被国家主要决策者认同，生态文明观成为一种新的观念和一种文明形态，成为人类从农业文明到工业文明乃至其后人类社会文明形态不断进化的一种未来期望。是涵盖了物质文明、精神文明和制度文明全方位的文明体系的进化和提升。

二 生态文明观的构成要素

生态文明观区别于传统发展观的特征主要有三个方面：

（1）生态文明观对于工业化来讲首先意味着生产技术的大变革，也就是从传统工业社会的粗放式发展向高科技支撑下的集约型发展转变，是损害环境技术向环境友好型技术转变，是循环经济和绿色经济生产方式的普遍化。

（2）政策理念的转变。这就意味着决策者尤其是地方政府需要从过去单纯追求经济增长和 GDP 目标向追求"经济—生态—社会"多重目标转变。从过去的"抓生产、促增长"向"保增长、促转变"转变。

（3）进一步深化改革，围绕支撑生态文明形态的价值体系、

---

① 刘智峰、黄雪松：《建设生态文明与城乡社会协调发展》，《池州师专学报》2005 年第 6 期。

技术体系、产业体系、政府行为与法律制度、生产方式与生活方式等全方位的构建生态文明。[①]

第二节　社会主义生态文明观的哲学基础

无论是在东方还是在西方学界，马克思主义都是人类生态文明观发展的主要哲学基础。尤其是在西方学界，随着功利主义发展观所带来的社会、生态环境的不断恶化，很多学者开始深入发掘马克思、恩格斯的思想作为研究生态文明的理论基础。

一　马克思主义生态文明观的起源与发展

马克思和恩格斯根据自身的生活经历，观察了工业革命中期资本主义社会的种种矛盾，他们敏锐地发现了工业生产造就的人与自然之间的矛盾日渐尖锐的问题，因此在其著作中有大篇幅的关于人与自然之间关系"异化"问题的讨论。例如在《论德谟克利特的自然哲学与伊壁鸠鲁的自然哲学的差别》《1844 年经济学哲学手稿》中就有关于这一问题的论述。不过，那一时代，青年马克思还处于旧唯物主义思想的影响中，还略显稚嫩。但是到了19 世纪中期，在《关于费尔巴哈的提纲》《德意志意识形态》《资本论》和《自然辩证法》等著作中，马克思和恩格斯的生态文明思想就开始日渐成熟了。他们认为，工业化进程中自然环境的污染是社会制度的必然产物，是生产关系的一种反映，并且提出了对减少环境污染的途径和方法进行探索的必要性。虽然这一时期

---

① 廖才茂：《论生态文明的基本特征》，《当代财经》2004 年第 9 期。

马克思和恩格斯并没有鲜明地提出"生态文明"的概念，但是却明确地提出了"人与自然和谐"的思想，同时还提出了通过实践活动实现人与自然和人与社会之间构建和谐关系的理念。简略归结其逻辑可以概括为以下几点：

（1）人与自然是不可分割的，人类社会本身就是自然界的一部分。当时的西方天主教和基督教数百年灌输给民众的观念是上帝造人说和上帝创世说。对此，马克思从唯物主义的角度提出："历史本身是自然史的即自然界生成为人这一过程的一个现实部分。"① 恩格斯则在《自然辩证法》中从生物学人类进化的角度进行了论述。根据达尔文的理论，人是自然进化的产物，通过工具从事劳动使得人类区别于其他生物。因此，人是和自己所处的环境一起发展起来的。恩格斯认为，人对环境的依赖性是不可或缺的。他们又进一步指出，"那些现实的、有形体的、站在稳固的地球上呼吸着一切自然力的人"，"直接地是自然存在物"。② 人类永远不可能与自然界隔离，更为重要的是，人类也永远不可能凌驾于自然界之上。尽管人类历史已经表明，人们征服自然的能力不断地并且迅速地得到改进，但是这并不代表人类是可以征服自然的。人类的一切创造活动也要以自然界为基础，没有了自然界、没有了感性的外部世界，人类将无法生存。

（2）自然与人之间的关系是决定与被决定的关系。人类首先需要不断与自然界进行物质、能量、信息交换，一方面自然界是人类社会生产资料的提供者，同时另一方面，还是人们生活资料的提供者。正如马克思说的："人和动物一样靠无机界活着，而任

---

① 《1844 年经济学哲学手稿》，《马克思恩格斯全集》第 3 卷，人民出版社 2002 年版，第 308 页。

② 《马克思恩格斯全集》第 3 卷，人民出版社 2002 年版，第 324 页。

何动物相比越有普遍性，人赖以生活的无机界的范围就越广阔。"而同时人与自然之间还有一种精神层面的交流，"从理论领域来说，植物、动物、石头、空气和光等，一方面作为自然科学的对象，一方面作为艺术的对象，都是人的意识的一部分，是人的精神的无机界"。①

（3）人与自然的辩证统一。正如马克思在《1844 年经济学哲学手稿》中所指出的那样，人作为自然存在物而且作为有生命的自然存在物，一方面具有自然力、生命力，是能动的自然存在物；这些力量作为天赋和才能、作为欲望存在于人的身上；另一方面，人和自然界中的万物一样，是受制于自然的存在。根据马克思的观点，人不仅是人的存在物，而且是为人自身而存在的存在物。人能动地利用和支配自然界为自己的生存和发展服务，但这不意味着人可以脱离自然。

正因为如此，恩格斯在其《自然辩证法》中也着重指出：

> 我们不要过分陶醉于我们人类对自然界的胜利。对于每一次这样的胜利，自然界都对我们进行报复。每一次胜利，起初确实是取得了我们预想的结果，但是往后和再往后却发生完全不同的、出乎预料的影响，常常把最初的结果又消除了。②

二　马克思主义对建立生态文明社会的构想

马克思和恩格斯的生态文明观是以其辩证唯物主义为基础的，是将人与自然作为一个相互联系、相互作用的辩证统一体进行看

---

① 《马克思恩格斯选集》第 4 卷，人民出版社 1995 年版，第 383 页。
② 《马克思恩格斯全集》第 3 卷，人民出版社 2002 年版，第 74 页。

待的。在此基础上提出了生态文明社会构建的基本理念。

　　一方面，他们强调实践是实现人与自然主体与客观的统一的基本方式。通过构建"对象性关系"来构建一个和谐的社会。人是通过生产活动将自然界区分为"自在自然"和"人化自然"两部分的，这两者之间是难以割裂的同时也是对立的。自在的自然强调自然界的原貌，其中包括了人的存在；而人化的自然则是打上了人类生产活动痕迹的自然界的一部分。而人化自然的过程就是一个时间的过程。这一事件过程中最为主要的行为就是"劳动"，马克思指出："劳动首先是人和自然之间的过程，是人以自身的活动来中介、调整和控制人和自然之间的物质变幻的过程。……人自身作为一种自然力的对立，为了在对自身生活有用的形式上占有自然物质，人就使他身上的自然力——四肢、头脑运转起来，从而实现对自然的改造。"① 在《资本论》中，他这样叙述："劳动是制造实用价值的有目的的活动，是为了人类的需要而对自然物的占有，是人与自然之间的物质交换的一般条件，是人类生活的永恒的自然条件。"② 这就意味着，劳动是人作用与自然的一个媒介活动，人类的工业化生活中不断在生产和生活两个层面向自然进行排泄。在农业社会，这原本是一种平衡的状态，而到了工业社会，由于科技的进步以及人类社会制度的安排，这一平衡很容易就被打破。因此，马克思和恩格斯特别强调要保持这种和谐状态的必要性。

　　另一方面，马克思着重强调了社会制度安排对人与自然和谐相处的关键性作用。在《共产党宣言》中，他说："自然力的征服，机器的采用，化学在工业和农业中的应用，轮船的行驶，铁

---

① 《马克思恩格斯全集》第44卷，人民出版社2001年版，第207—208页。
② 同上书，第215页。

路的通行，电报的使用，整个大陆的开垦，河川的通航，仿佛用法术从地下呼唤出来的大量人口"代表了资本主义制度对整个自然的巨大能量，乃至说："资产阶级在它的不到一百年的阶级统治中所创造的生产力，比过去一切时代创造的全部生产力还要多、还要大。"① 这是社会制度安排的结果。资本主义生产目的是为了获取剩余价值，并且最大化其获得。在利益的驱动下，资本家运用各种先进技术对自然界进行掠夺和占有，完全不顾及生态的后果。尽管这一点后来被西方经济学界以经济活动的"外部性"问题加以讨论，但是依然没有任何本质的改观。进入 21 世纪以来，资本主义大工业生产对环境的破坏已经足以改变整个地球的气候和环境，并且这种改变是不可逆的。尽管已经宣扬了近半个世纪的"绿色经济"和"循环经济"概念，但是资本主义的"大量生产—大量消费—大量废弃"的生活方式并没有本质性的改变。制度的安排实际上是扭曲了人与自然的关系，从人与自然之间的有机体成为一种对立掠夺关系，进入一种"掠夺—报复"的恶性循环。

对于此，马克思认为，只有在共产主义制度下，

> 联合起来的生产者将合理地调解他们和自然之间的物质交换，把它（市场经济的力量）置于他们的共同控制之下，而不让它成为盲目的力量来统治自己；靠消耗最小的力量在最无愧于和最适合他们的人类本性的条件下来进行这种物质交换。②

恩格斯也在《社会主义从空想到科学的发展》一书中指出，

---

① 《马克思恩格斯选集》第 1 卷，人民出版社 1995 年版，第 277 页。
② 《马克思恩格斯全集》第 46 卷，人民出版社 2003 年版，第 928—929 页。

只有到了共产主义社会人才能最终摆脱动物界的生存状态，从而进入真正的人的生存状态。① 因此，协调人与自然的关系是与合理的生产方式及社会制度联系在一起的，只有变革不合理的社会制度，建立一个真正完善的社会制度才可能真正实现人与自然的协调发展。在共产主义社会，人们将摆脱资本主义私有制和异化劳动，从而能够合理地调节人与自然、人与人之间的关系，并最终实现"人类同自然的和解以及人类本身的和解"。②

第三节　科学发展观是对马克思主义生态文明观的继承和发扬

马克思和恩格斯的生态文明思想构成了科学发展观的根基，而科学发展观也是结合中国国情并且根植于马列主义的理论升华和政策化的理念。胡锦涛同志曾经撰文指出：

> 科学发展观是对党的三代中央领导集体关于发展的重要思想的继承和发展，是马克思主义关于发展的世界观和方法论的集中体现，是同马克思列宁主义、毛泽东思想、邓小平理论以及"三个代表"重要思想既一脉相承又与时俱进的科学理论，是我国经济社会发展的重要指导方针，是发展中国特殊社会主义必须坚持和贯彻的重大战略思想。③

---

① 《马克思恩格斯选集》第 3 卷，人民出版社 1995 年版，第 757 页。
② 同上书，第 758 页。
③ 胡锦涛：《高举中国特色社会主义伟大旗帜　为夺取全面建设小康社会新胜利而奋斗》，人民出版社 2007 年版，第 12—13 页。

　　传统的经济发展战略是我国特殊国情决定的。在市场经济建设的初期，需要一个快速发展的阶段，短时间内扩大经济规模、让我国的经济尽快摆脱贫困状态以及计划机制的牵制，从而走上市场经济的正轨。但是这一阶段仅仅应该是一个必经的"起飞"阶段，正如飞机起飞之前需要加速的道理是一样的。事实上，亚洲四小龙的起飞过程都是类似的。也就是通过工业化的"催熟式"发展带动整个经济的腾飞。但是过了这个阶段以后，工业化、城镇化所带来的生态环境的恶化就应该得到更多兼顾。因此，需要以根植于马克思主义生态文明观的科学发展观来指导工业化和城镇化的深入发展。

第九章

生态文明为指导的发展
战略构成

生态文明观的提出与深化不仅是马克思主义富有远见的观念，同时也是符合历史唯物主义哲学观的客观要求。

在有限的、有记载的人类历史长河中，18 世纪工业革命之前的绝大部分时间都是处于人与自然和谐相处的历史阶段中。其主要原因是人类对于自然的改造能力十分有限，同时也是由于农业社会，人类对自然界的敬畏感要远超于工业革命之后。工业革命以及由此导致的城市化在提升生产力的同时也在深刻地影响着周边的生态环境：生态退化、环境污染等问题已经反过来逐渐形成对人类社会继续发展的威胁。

第一节　生态系统理论进展

经济发展与生态系统的耦合演进问题在 20 世纪工业化快速发展深化的同时也引起了学界的关注。1953 年，美国生态学家尤金·奥德姆（Eugene. P. Odum）就出版了其生态学开创性的著作，真正引领学界进入生态学的逻辑分析中。① 从此，生态学

---

① Odum. E. P. , *Fundamental of Ecology*, Philadephia, PA, USA, 1953.

科开始形成。在书中，尤金·奥德姆将生态学的研究定义为
"研究生态系统的结构与功能的科学"。我国的生态系统研究在
改革开放之后也逐渐开始，到了我国工业化和城市化发展最为快
速的时候开始逐渐形成体系。马世俊提出，生态体系的研究不仅
是包括人类社会自身规律的研究，更是一种包含了自然体系在内
的人文科学，并由此开创了我国人类生态学的研究。[①] 近期，曹
明奎等人则进一步指出，在 21 世纪全球化快速发展的大背景下，
社会经济体系与生态体系的协调发展将是人类关注的主要问题。
而生态系统的研究则应该逐步地向更加科学和智能化的方向发
展，从单一学科研究向多学科，全方位发展，从单一尺度的视角
研究向多尺度实验观测和大尺度变化预测方向发展，以应对全球
环境变化、促进全球可持续性发展研究作为主要的研究导向。

第二节   生态经济学学科的逐渐完善

生态经济学作为一个新兴学科是在世界经济进入工业化后期
和信息化初期才逐步发展起来的理论体系，其研究领域结合了自
然科学家和经济学家们共同的研究领域和成果，而研究的最终指
向则是人类社会面临的日益严重的环境问题和经济发展的不可持
续问题。近年来，相关的研究已经日益成熟并得到不断的发展。

我国学者在 20 世纪 80 年代开始逐步开展相关研究，许涤新
等人做了很多开创性的研究，定义"生态经济学是研究那些与自
然进行物质交换而结成社会的人同环境系统相互关系的一门新兴
学科……以组成社会的人同他们的环境的相互关系作为研究的主

---

① 朱朝枝等：《现代科学与技术概论》（教案），第四章第九节"生态学与环境科学"，
福建农林大学。

要对象"。[①] 1989 年，《生态经济学》杂志创刊，生态经济学作为一个独立的研究学科建立了其科研平台。综合当时的主要生态问题，创刊号上定义生态学为："最广泛的意义上从事生态系统与经济系统之间关系的研究。这些关系是当今人类所面临的众多紧迫问题（如可持续性、酸雨、全球变暖、物种消失、财富分配等）的根源。"[②] 此后，我国经济学学家的研究多针对具体的问题，研究的深度和广度得到不断扩充。

第三节　可持续发展理论的主要内容

IUCN（国际自然及自然资源保护联盟）等环保组织和机构于20 世纪 80 年代发表了《世界保护策略——可持续发展的生命资源保护》的相关研究系列报告，"可持续发展"开始作为正式术语公开提出，并初步给出了可持续发展概念的轮廓和内涵。莱斯特·布朗教授于 1981 年出版了《建立可持续发展的社会》一书，首次系统地对"可持续发展观"进行阐述。他认为人类面临人口爆炸和经济衰退以及环境污染和资源匮乏等一系列世界性困境，其唯一的出路在于建立一个"可持续发展的世界"。到了1987 年，以挪威的当任首相布伦特兰夫人作为主席的"世界环境与发展委员会"，公开发表了具有划时代意义的研究报告——《我们共同的未来》，报告明确提出"可持续发展"的内涵是"既满足当代人的需要，又不对后代人满足其需要的能力构成危害的发展"。被誉为"中国环保之父"的曲格平先生对可持续发

---

① 许涤新：《生态经济学探索》，上海人民出版社 1985 年版，第 30—32 页。
② Robert Costanza，"What is Ecological Economics?"，*Ecological Economics*，1，1989，pp. 1–7.

展的理解认为，可持续发展的概念应该有三个基本性的原则作为立论基础：

其一是公平性原则，这其中既包括时间上的公平也包括空间上的公平。至于时间上的公平，就是所谓的代际公平，其含义是既要考虑当前经济社会发展的基本需要，又要为未来长远的发展进行必要的储备。不能牺牲后代人的生态利益来满足当代人的短期需要。空间上的公平，又称代内公平，是指世界上不同国家、同一国家的不同人们都应享有同样的发展权利和过上富裕生活的权利。

其二是持续性原则。可持续发展的最终指向是发展，但这种所谓的发展不同于平时语境下的"发展"，既发展不应该超越环境与资源的现实承载能力，而应该以提高整个人类的长远的生活质量为目标。

其三是共同性原则。生态环境是无国界的，但是经济发展和社会发展则是具有明确的国别特征的，各个国家由于自身条件的不同，其面对的可持续发展的战略选择也不尽相同。作为一个公共物品的生态环境，各国应该认识到经济发展的整体性、依存性都应该考虑到可持续发展的导向而制定本国的发展战略。

报告中还特别提出了可持续发展的相关目标：第一，各国力求消除贫困并适度保持经济增长；第二，适当控制人口增长速度，着力开发人力资源，提高人力资本存量；第三，在经济发展的同时，合理控制对自然资源的开发和利用，力求尽量延长资源的可开发年限，并在此基础上发掘和鼓励新能源和可再生能源的不断开发利用；第四，保护自然环境，维护原有的生态平衡；第五，以就业最大化作为主要的政策指向，在满足就业基本需求的基础上，建立公平分配的机制，促进社会公平发展；第六，推进技术进步，控制对生态环境具有污染甚至危险性的行业发展。①

基于对可持续发展的重视，各国以及相关国际组织已经着手将生态因素融入传统的国民经济核算体系中，力图创建平衡经济发展和生态和谐之间关系的"绿色GDP"核算体系。2003年，由联合国倡议，包括欧洲委员会、国际货币基金组织、经济合作与发展组织和世界银行等几大机构共同参与发布了《综合环境与经济核算手册2003》，② 在手册的导论中将可持续发展问题归结为"三支柱论""生态论"和"自然资本论"三种主要的理念。所谓的生态论主要是强调生态系统作为一个母系统深层次地影响每一个具体经济社会这一子系统。自然资本论则是从经济学角度，将自然环境赋予资本化的含义，认为其服务功能类似于一种资本的生息行为。

三支柱论则是当前相对主流的理念，概念出自由布伦特兰委员会发布的《我们共同的未来》报告中对"可持续发展"这一概念的解读。其核心思想如下：

一种健康的经济增长模式应当是一种以生态可持续能力、社会公正和人民积极参与自身发展决策等为基础的增长模式。其诉求一方面满足人类的各种需要，使个人得到充分的发展，另一方面又保护了环境和生态不对后世子孙的发展形成阻碍。详细来说，可持续发展包含了三个层面发展因素的综合：第一方面是经济方面的持续性发展。特别是对于贫困地区及要为提高人民生活水平

---

① 曲格平：《从斯德哥尔摩到约翰内斯堡的发展道路》，2002年11月14日在香港城市大学的演讲，中国环境资源网，曲格平环境思想文库，http://www.ce65.com/qgp/qgpwk/q-wk-7.htm。

② United Nations, Eurostat, IMF, OECD and the World Bank. Handbook of National Accounting: IntegratedEnvironmental and Economic Accounting 2003（SEEA 2003）.《环境经济综合核算2003》，丁言强等译，中国经济出版社2005年版。后文简称手册。

以及生存质量而提供保障，同时也应该为生态改善和可持续发展提供必要物质保障；第二方面则是生态的可持续性，其所指是生态系统自身的良性运转以及自然生产力的稳定增长、环境承载力的切实保证。人与自然的和谐始终是人类社会在工业时代面临的最主要的课题之一。《里约宣言》指出："人类应享有以和谐的方式过健康而富有生产成果的生活权利，并公平地满足今世后代在发展与环境方面的需要。"生态的可持续性无法得到保障，那就不可能有经济和社会的长远发展。生态的可持续发展主要在于：一是防止生态系统的破坏，如江河断流、石漠化、荒漠化、生物多样性的减少等；二是污染排放要控制在环境的自净能力范围内；三是使不可再生资源的耗竭速率低于替代资源的开发速率。第三方面则是社会的可持续性。社会可持续性强调社会公平、凝聚力和参与性等方面，其所指向的要点是社会自身的可持续性。①

第四节 实现可持续发展的路径——生态经济

赫尔曼·戴利（HermanDaly）在 1996 年出版的著作中提到："可持续发展观念的驱力，让人们重新思考人类经济活动与自然界的关系——生态是一有限、无成长、物质封闭的系统。人类经济产出的速率，必须符合生态系统再生与吸收的速率，如此才可能达到所谓的可持续。"他认为布伦特兰委员会所提出的"可持续发展"的定义是模糊的。他虽然是认同可持续发展与经济增长之间是不同的，但是他认为可持续发展概念的核心在于"人口的增长与物质的产出不能超过环境的承载力，也就是资源再生与废物吸

---

① 参见赵丽芬、江勇主编《可持续发展战略学》，高等教育出版社 2001 年版，第5—8 页。

收的能力"。①

可持续发展思想的先驱莱斯特·R. 布朗——被誉为可持续发展思想的先驱，于 2001 年在被奉为经典的《生态经济》一书中这样说：

> 一个能维系环境永续不衰的经济——生态经济，要求经济政策的形成，要以生态原理建立的框架为基础。……经济学家和生态学家携起手来就可以构建出一种经济，一种可持续发展的经济。一种经济只有尊重生态学诸原理才会是可持续发展的……一种经济要想能持续进步，就一定得遵循生态学的基本原理；如果违背这些原理，就一定会由盛转衰，江河日下，终至崩溃。……所谓的生态经济，就是能够满足我们的需求又不会危及子孙后代满足其自身需求的前景，亦即不会危及布伦特兰委员会在差不多 15 年前所指出的那种未来前景的经济。②

皮尔斯（Pearce）和阿特金森（Atkinson）提出实现可持续发展的两个路径：一个是弱可持续性，既社会资本的储蓄超过人造资本和自然资本的折旧的总和，只要国家资本存量不下降，就算是自然资本下滑也是可持续发展的路径。比如说，某种自然生态的伤害可以通过知识资本而得到补偿。强可持续性：自然资本保持不受伤害。现在许多地方特别是非洲，连弱可持续性也维持不了。③

---

① Herman E. Daly, Beyond Growth: The Economics of Sustainable Development, Beacon Press, Boston, 1996, 引自 http://www. water. tku. edu. tw/service3/new_ 04. htm。参见《超越增长》，诸大建译，上海译文出版社 2001 年版，第 1、4、13 页。

② ［美］莱斯特·布朗：《生态经济：有利于地球的经济构想》，林白新等译，东方出版社 2002 年版，第 2、83—84 页。

③ 陶在朴：《生态包袱与生态足迹：可持续发展的重量及面积观念》，经济科学出版社 2003 年版，第 126—127 页。

戴利（Herman Daly）在 1996 年的《超越增长》一书中也讨论了强可持续性和弱可持续性。他认为，人造资本和自然资本基本是互补性的，只有部分是替代性的。因此，尽管弱可持续性在目前这一阶段发展较快，强可持续性最终才是所需要的概念。戴利认为，如果生态系统中人类经济活动物质/能量流通量的绝对值保持不变并且与规定标准保持一致，经济方式是能够与生态学要求取得一致的。[①] 1990—1991 年，他提出了一种可持续发展的操作原则，比伦敦学派更具体，实际上属于强可持续性。

（1）人类的物质/能量流通量（经济规模）应降至自然最大容纳能力以下；

（2）使用可再生资源的速度不超过其再生速度；

（3）使用不可再生资源的速度不超过其可再生替代物的开发速度；

（4）污染物的排放速度不超过环境的自净容量。《SEEA 2003》接纳了戴利所提出的操作原则。[②]

第五节　我国生态文明发展的历史与未来

可持续发展或者说是生态经济在描述经济发展与生态环境之间的关系的语境下，其内涵是具有一致性的。可以说生态经济就

---

① ［美］赫尔曼·E. 戴利：《超越增长》，诸大建译，上海译文出版社 2001 年版，第 108—115 页；［德］弗里德希·亨特布尔格等：《生态经济政策：在生态专制和环境灾难之间》，东北财经大学出版社 2005 年版，第 98 页。

② Daly, Herman E. , "Toward Some Operational Principles of Sustainable Development", *Ecological Economics* 2, 1990, Daly, Herman E. , "Sustainable Development: From Concept and Theory towards Operational Principles", in: *Steady-state Economics* (2nd edition), Island Press, Washton DC. 参见中国科学院可持续发展研究组《2002 中国可持续发展战略报告》，科学出版社 2002 年版，第 115 页；姚志勇等编著《环境经济学》，中国发展出版社 2002 年版，第 183—184 页。

是可持续发展的理念的主干部分。

　　实际上，在我国的古代就有很多所谓生态经济的案例，当然既有成功的也有不成功的。由于农业社会的生态依赖度比较高，因此对于可持续的发展等问题，群众智慧就会自发地寻求一些经验性的知识来维系脆弱的农业生态环境。例如我国明清时期，在珠江三角洲发展起来的一种生态农业的经营模式，当时被称作"桑基鱼塘"。[①]

　　当时，在气候湿润、丘陵诸多的珠江三角洲地区，农民们为了更好地实现经济效益，因地制宜地创造了一种复合型的农业经营模式。他们在富含水源的低洼处挖池，建成水塘，从而蓄水养鱼。再在旁边地势较高处夯筑地基种植桑树（或蔗、果等）。在用池塘里面富有营养的塘泥作为肥料培植桑树，再采摘桑叶养蚕，然后以蚕的粪便作为饲料养鱼。从而逐步形成塘泥肥桑、桑叶喂蚕、蚕粪饲鱼的循环可持续利用资源的生态系统。事实上这种生产形式一直延续至今，只是由于技术的进步已经作了比较大的改革和创新而已。

　　"桑基鱼塘"于1992年被联合国教科文组织所承认，称之为"世间少有美景、良性循环典范"。广东蚕桑业发展具有悠久的历史。珠江三角洲的基塘地区，最初是利用塘基来种植果树。明代的中后期，随着蚕丝业的发展，原来种果树的基地，逐渐改植桑树，出现桑基和鱼塘配合的生产形式。

　　根据明末清初作家屈大均的《广东新语》所记载，"桑基鱼塘"是"基种桑，塘养鱼，桑叶饲蚕，蚕屎饲鱼，塘泥培桑"的

---

　　① 2003年11月18—20日中国生物学暨农学史学术研讨会论文，中国经济史论坛2003年11月29日发布。邓芬：《论珠江三角洲的农业生产形式——桑基鱼塘》；黄启臣：《明清珠江三角洲"桑基鱼塘"发展之缘由》。

经营模式。即蚕沙（蚕粪）喂鱼，塘泥肥桑，采桑养蚕三者有机结合，前一环节的废物成为后一环节的营养（如蚕沙饲鱼），形成桑、蚕、鱼、泥互相依存、互相促进的良性循环，营造了十分理想的生态环境，同时因为种植桑树所夯实的土基在一定程度上还可以避免洼地水涝之弊。桑、蚕、鱼三者的有机循环，基本上解决了桑的肥料和蚕、鱼的饲料问题，不仅养蚕和养鱼生产稳定，而且成本也大大降低，收到了"十倍禾稼"的经济效益。在南海、顺德、中山等地的桑田形式一般都是桑基鱼塘的形式，这种生产形式传续至今。当然，类似的例子还有很多。比如在珠江三角洲的桑塘区的一些农村区域，还利用部分鱼塘的水面放养浮莲等作物作为猪饲料，再利用猪粪来对桑树施肥，等等。①

　　20 世纪中后期，生态学教授马世俊在充分肯定这种"生态农业"经营方式的同时，还深入思考了工业发展中的可持续问题。他认为在社会—经济—自然生态系统三位一体的总体环境下，应该构建一种"整体、协调、循环、再生"为核心的"生态工程"或"生态系统工程"。这种"连接多系统的循环关系，可以及时有效地把人类和动物的废物运回土壤，把工业废物分别加以分解或再生，这对持续地维持现代化都市的优良环境和支持郊区现代化农业是重要的，它依据的机理就是模拟自然生态系统长期持续链状结构的功能过程，可称为生态系统工程"。② 1987 年，他又将生态工程定义为："生态工程是利用生态系统中物种共生与物质循环再生原理及结构与功能协调原则，结合结构最优化方法设计的

---

　　① Kenneth E. Boulding, 1966, The Economics of the Coming Spaceship Earth, in：H. Jarrett（Ed.）*Environmental Quality in a Growing Economy*. Resources for the Future/Johns Hopkins University Press, Baltimore. http：//dieoff. org/page160. htm.

　　② 任文伟、郑师章编著：《人类生态学》，中国环境科学出版社 2004 年版，第 276 页。

分层多级利用物质的生产工艺系统。"生态工程的目标就是在促进自然界良性循环的前提下，充分发挥物质的生产潜力，防止环境污染，达到经济效益和生态效益同步发展。[①] 生态工程应用于工业领域，称为生态工业；应用于服务业领域，称为生态服务业；应用于生活消费领域，称为生态消费；加上真实生态系统领域遵循生态学规律的生态农业，可以合称为"生态经济"。遵循生态学原理的经济就是生态经济。[②] 以生态经济指导科学的经济发展战略则是一种生态文明观。

进入 21 世纪以来，中央政府大力倡导并积极促进"循环经济"的建设。循环经济就是以生态文明观为指导建立的经济系统，特别是在工业领域和经济社会发展领域，如城镇化。2003 年，党的第十六届三中全会正式确立了"科学发展观"的内涵，2005 年的五中全会正式提出"建设资源节约型、环境友好型社会"，2006年 3 月 14 日第十届全国人大四次会议通过《中国国民经济和社会发展"十一五"规划纲要》，第六篇专论"建设资源节约型、环境友好型社会"，指出："落实节约资源和保护环境基本国策，建设低投入、高产出，低消耗、少排放，能循环、可持续的国民经济体系和资源节约型、环境友好型社会。"事实上就是确立要建设生态文明观指导下的社会。[③]

---

① 马世俊：《中国的农业生态工程》，科学出版社 1987 年版。

② 任文伟、郑师章编著：《人类生态学》，中国环境科学出版社 2004 年版，第 275—276 页。

③ 《中国国民经济和社会发展"十一五"规划纲要》，第十届全国人大四次会议 3 月 14日通过，新华社 2006 年 3 月 16 日播发。

第十章

贵州省生态文明观指导工业化
和城镇化发展的对策建议

大部分的东部沿海省份经过30年的外向型经济增长，已经奠定了相对比较厚实的经济基础，而贵州省和大部分西部省份一样，处于一个经济起步与经济全面发展的重合期。因此，以科学发展观作为指导，发展生态文明型社会将是未来贵州的工业化、城镇化的指导方向。结合前面的分析，本章简要提出一个构建贵州生态文明观发展理念的理论框架。

生态文明观涵盖经济社会的方方面面，因此市场经济的所有主体几乎都涵盖在这一概念外延中。因此需要分别从政府政策、民众教育、制度构建和外向交流四个方面进行阐述。

第一节　政府政策思路的调整与重新定位

工业化和城镇化进程的确在贵州经济腾飞的过程中发挥了支柱性的作用，但其对生态环境造成的影响也是显著的，比如水土流失、土壤沙化、物种灭绝、排污严重以及城市病等问题纷纷出现。因此，为了新型工业化的发展以及城镇化的推进，政府的政策思路需要做到：

（1）以科学发展观为指导，以生态文明观作为一切政策规划的出发点，以科技创新为抓手，促进新型工业化和城镇化的全面发展。这其中有两个要点：一个是"标本兼顾、全面发展"。这就要求以新型工业化和城镇化作为发展的核心支柱与动力，积极促成产业转型和产业升级，在此基础上实现整体经济的全面、和谐发展。在发展中改善生态环境，推行循环经济，构建环境友好型增长模式。另一个是，在经济发展决策过程中，回归到"以人为本"的基础理念，将"以人为本""以群众利益为本"作为一切决策的出发点，摒弃"一切为打赢""一长（经济增长）遮百丑"的陈旧观念，真正让人民群众的意愿成为规划决策的出发点和最终指向，不能将经济增长的代价由子孙来承担。

（2）重新定义"政绩"导向，树立生态文明观。政绩观是基于对基层工作绩效评价体系的，结合社会意识与时代特征而出现的被广大公务体系所认同的价值体系。政绩观虽然相对于法律、法规和其他规章条文而言是无形甚至难以总结的，但是其在区域经济发展中的作用却是不容忽视的。政绩观潜移默化地决定了区域经济发展的走向甚至形成"路径依赖"和更为长远的影响。一旦政绩观是功利的、片面的、虚化的甚至是自利的，那么其最终的政策以及效果就会是片面性的。

在过去30年的发展中，尤其是1994年财政分权之后，地方政府自收自支，拥有了更大的自主权的同时也担负了更为沉重的事权。地方政府的经济发展压力同时来自纵向（自身条件与沿革）与横向（对比）两个方面。正因为如此，地方政府的政绩观不约而同地倾向于功利化、"唯增长论"、GDP至上论等片面政绩观。这就让生态问题甚至社会经济的全面发展问题让位于一边。

当经济发展到了一定的阶段，政绩观就需要不断地修正和改进。温家宝同志曾经指出："用全面的观点看政绩，就是既要看经济指标，又要看社会指标、人为指标和环境指标；既要看城市变化，又要看农村发展；既要看当前发展，又要看发展的可持续性；既要看经济发展，又要看社会稳定；既要看'显绩'，又要看'潜绩'；既要看主观努力，也要看客观条件。"① 正是在这个背景下，科学发展观的政绩观逐步成为决策高层的主导型理念。胡锦涛同志则指出："要树立正确的政绩观，首先就要树立科学发展观，不坚持科学发展观就不可能落实正确的政绩观。"②

生态文明观与科学发展观本质上是统一的，以生态友好的理念树立政绩观，摈弃 GDP 为中心的观念，着重全局而适当以经济增长速度的妥协作为代价是未来贵州实现新型工业化和城镇化协调发展的决策思路的指导方向。

第二节　培养公民生态文明意识，开展全民教育

生态文明的建设不仅是决策层的责任，更重要的是培养全面的生态文明意识。这就需要从各个层次将生态文明的意识落实到教育体系和宣传体系之中。

生态文明教育是涵盖各个层次，面向整个社会的教育，其最终指向是提高整体民众的生态文明意识，推动生态文明建设的全

---

① 孙明奇：《树立正确政绩观：落实科学发展观的难点和关键》，《实践探索》2007 年第 2 期。

② 胡锦涛：《领导干部要树立正确政绩观　不要搞"花拳绣腿"》，《人民日报》2009 年 2 月 23 日第 1 版。

面化和深入化，从而为全面建设生态文明省份建立精神层次的动力。从其范围来说，生态文明教育应该以各个层次的学历教育和社会教育为载体，通过日常课程的改革和重建形成一个全面的体系；从其深度而言，生态文明教育应该是终身教育的范畴，应该贯穿于社会公民成长的全过程。

（1）从基础教育来讲，生态文明教育应该成为中小学常识教育的重要组成部分，在可行的环境下，应该将生态文明教育纳入中小学教材和日常社会实践中，引导未成年人关注大自然、关注经济社会全面发展、关注环境改善，从而能够建立起符合生态文明观的价值观念。基础教育的设计理念不应该过多地进行教条式和说理式的灌输，而是应该结合语文教育、社会实践、课堂讨论等以青少年更加喜闻乐见的方式进行。例如，运用贵州自然环境的优越条件，充分让青少年体会到人与自然和谐相处的乐趣。

（2）改革贵州高校教育体制，发展专业教育。高等教育体系与现实经济建设之间的关系更为直接。贵州的高校体系相对于东部发达地区而言比较落后，但是近几年的发展速度非常快，涌现出数所发展迅速的高校。发展生态文明观，最为直接的入手之处就是在高校广泛开展关于生态文明的通识性教育，同时在可能的条件下开设符合贵州工业结构以及城镇化特征的生态专业，比如污水处理、农林保护、生态恢复、循环经济以及环境法律等。或者至少在工科专业和社科法律专业中适当增加相关课程，从而为未来的高科技群体普及该理念创造一定的环境并奠定相关的基础。

（3）增加舆论宣传力度，实现社会教育。长期以来，对于整个社会的生态文明观宣传我们还是做得不够充分的。尽管近几年自下而上的民众自发的生态维权事件逐渐增加，但是，生态意识的崛起却是向一个不好的方向发展的，很多维权事件指向了政府的不作为，甚至更多地演变为复杂的群体性事件。广大人民群众通过极端方式实现生态维权的行为正说明了全社会生态文明教育的缺失，导致了原本可以缓和的，以正当渠道解决的或者是事先预防的矛盾往往以激烈的方式发生。

正因为如此，需要借助公共媒体的力量，通过广大群众喜闻乐见的方式，借助广播、电视和报刊这三个主要的媒体平台，向广大群众宣传生态观念，增强生态意识，树立危机感和生态保护的生活习惯。同时不能忽视新兴媒体的宣传作用，例如社交媒体、移动互联等平台。根据已有的信息，我们已经发现，在贵州省哪怕是偏远山区和乡镇，无线通信业务和互联网的普及率也非常高。运用新兴媒体有利于开展民情、舆情调查，也有利于进行互动和沟通。

同时，互联网与电子商务本身也是实现绿色生产、绿色消费的一部分，更是贵州省新型工业化中信息化的不可分割的一部分，通过这一平台将更加全面地对接政府、民众、企业之间的信息，从而构建一个全民认同的生态价值观体系。

第三节　加强法制建设，构建生态文明建设制度框架

生态文明发展除了需要全社会的意识转变和科技创新之外，更需要全面的制度保障，制度才是决定人们的社会行为的主要框架。按照生态文明观的要求发展工业化和城镇化需要同时构建以下几种制度：

（1）生态补偿制度。过去的高速经济增长中，生态环境付出

了较大的代价。为了实现贵州省贯彻科学发展观，实现新型工业化和城镇化进入崭新阶段，迫切需要建立生态补偿制度。市场经济的发展历程说明公共物品总是无人顾及的，甚至是首先受到破坏的。这就需要发扬政府的"守夜人"的干预力量。

（2）转移支付制度。在这一方面，政府应该首先改革财政转移支付制度。我国的转移支付制度主要是为经济增长服务的。但是面对生态社会的构建，这种制度的弊端就日渐凸显。主要的问题是转移支付的力度不够以及缺乏全面的评估体系。为此，政府应该首先从转移支付制度开始，构建适合生态发展的转移支付制度，甚至逐渐建立"西部生态补偿与生态建设基金"，从而实现可持续发展和长久保障。[①]

（3）环保投入纳入干部考核的制度。要改革转移支付制度取得成效，就要加大环保投入。很多基层政府遇到财政困难的时候首先就会对环保投入打折扣。为了保障这一制度的运行，需要把环保投入的考核纳入基层干部的考核指标系统中，采用制度化的方法防止急功近利行为和短视行为的出现，从而为子孙后代留下一片青山绿水。

（4）环境责任制度。对于新建工业项目和城镇化改造项目应该同时配合出台相应的环境风险评估办法以及环境责任制度，从而对项目的建设进行全程的监控，做到"有指标可参照、有方法可评估、有绩效可考核"的全面监督体系，从而脱离"先污染，后治理"的恶性循环，尽快引导经济走上生态发展的正轨。

配合各项制度的建设还需要遵循一个制衡原则和第三方独立评估原则，以防止基层政府的机会主义行为，防止保障制度成为

---

① 姚明宽：《建立生态补偿机制的对策》，《中国科技投资》2006 年第 8 期。

一纸空文。

　　综合来讲，构建全面的制度框架，为在生态文明观的指导下顺利发展工业化和城镇化提供最为有效的制度保障，更是为了贵州省美好的未来建立起新的希望。

第十一章

湖北省新型城镇化
道路选择

  城镇化是伴随经济现代化和区域工业化而出现的社会发展趋势，大力推进城镇化进程，对于促进社会经济快速、健康发展具有重要的战略意义。在党的十八大报告中，第一次在全面建设小康社会经济目标的相关章节中提及城镇化，并将其与工业化、信息化、农业现代化一并作为全面建设小康社会的重要载体，体现出城镇化的重要地位。与此同时，报告仍然提出坚持节约资源和保护环境的基本国策，认为建设生态文明，是关系人民福祉、关乎民族未来的长远大计，要求将资源消耗、环境损害、生态效益纳入经济社会发展评价体系。城镇化的过程造成资源消耗和环境破坏，资源和环境的质量优劣又直接影响着城镇化的进一步可持续发展。因此，城镇化与生态文明必然是当前社会经济发展中的一个重大战略问题。2011年，湖北省城镇化率首破50%，全省城镇化工作处于奋力提升阶段，在今后城镇化过程中，如何将生态文明融入城镇化发展的各方面和全过程，如何协调经济发展与资源、环境的关系，探寻可持续的新型城镇化道路已经成为湖北省发展过程中必然面临的重要问题。

第一节　城镇化与生态文明

城镇化进程中，人们的社会经济活动作用于生态环境，改变着生态环境的结构、性质和功能；反过来，生态环境在为人类生产生活提供物质基础的同时，制约了人类的活动范围和规模。

一　城镇化发展加剧了对生态环境的需求和消耗

城镇化过程必然伴随社会生产活动和人类活动对自然资源的消耗，而且随着城镇化进程的深入，经济社会发展和人民生活水平提高，人类社会对资源的需求欲望和消耗量将一直呈上升趋势，那么城镇化对包括水资源、土地资源、矿产和能源、森林等资源的需求将越来越明显。而且，随着城镇化的不断发展，城市规模的不断扩大，对资源的需求越来越大，城镇化发展对资源的胁迫效应越来越明显。例如，城市用水量和排水量增加，加剧了用水紧张和水质污染，引发水危机；建设用地增加，占用大量耕地资源，加剧了建设用地合理需求与耕地保护之间的矛盾；延续传统的能源使用方式，将消耗大量的矿产资源，特别是煤、天然气、石油等不可再生能源。

城镇化水平的提高使城镇人口数量增加，生活方式、社会消费水平和消费结构发生了较大变化，由此带来的大气污染、水质污染、噪声污染等环境污染问题也愈发严重。城镇化发展带来经济总量不断增加的同时，也带来了能源消耗的增加，以煤和石油为主要能源原料的企业造成大气污染，工业排放的废水和废物成为水体污染的主要来源。另外，随着城镇化进程深入，市政建设取代了原有的草原、森林、农田系统，原有的生物系统发生变异，致使生物物种减少，生物多样性减少，打破了生态环境的平衡。

二　生态环境约束了城镇化发展进程

包括土地、水、能源等在内的自然资源是人类生存和发展所必需的物质保障，是城镇化发展的重要基础，其丰裕程度直接决定了城镇的产生和发展。然而，自然资源的不断减少和社会经济发展对资源需求的不断增大之间的矛盾已愈演愈烈。以能源资源为例，从我国总体情况来看，能源资源总量丰裕，但人均占有量较少，大多数矿产资源人均占有量不足世界平均水平的一半。随着城镇化进程加快，我国对煤电油等资源的需求量迅速增加，2011 年我国能源消耗总量达到 348002 万吨标准煤，约是 2001 年的 2.3 倍。

伴随着城镇化的发展，特别是在粗放型经济增长方式下，环境压力日趋增大，城镇化发展受到生态环境制约。一方面，生态环境质量下降，导致企业的生产效率下降，企业支付高额的治污费用，影响市场经济主体经营和成长，影响了城镇化进程；另一方面，生态环境恶化降低了城市居民的生活质量，致使水资源、土地资源等资源价格上涨，生产生活成本上升，降低了城市竞争力，从而减缓了城镇化发展速度。

第二节　湖北省城镇化过程中面临的生态环境问题

2011 年湖北省城镇化率为 51.8%，超过全国 51.27% 的平均水平，在全国 31 个省市中居第 13 位，2012 年湖北省城镇化率达到

53.5%，高于全国 0.93 个百分点。① 从世界一般发展规律看，一个地区城镇化率达到 50%，就进入了城镇化发展的快速时期。然而，在城镇化快速发展的道路上，湖北省依然面临各种资源环境问题。

一　湖北省城镇化过程中面临的资源困境

（一）建设用地需求日趋膨胀，土地资源供需矛盾突出

随着城镇化的深入发展，城市建设用地将不断增多。据统计，2012 年，湖北省总共有偿使用土地 36.84 万亩，同比增长 8%，其中房地产用地 9.53 万亩，工业用地 15.9 万亩，基础设施用地 11.42 万亩。土地出让面积在不断增加的同时，土地出让金总额及平均地价却在不断下降，2012 年湖北省平均地价为 25 万元/亩，同比下降 28.6%。仅 2013 年第一季度，湖北省出让建设用地 2566 宗，面积达 8.81 万亩，同比增长 26%。在土地面积固定不变的前提下，在建设用地与耕地存在较大的利益差距的现实驱动下，城镇化所带来的建设用地扩张必然威胁耕地资源，土地资源的供需矛盾将更加突出。

（二）水资源污染严重，污染型短缺问题凸显

由于传统粗放型经济增长方式尚未得到改变，在大力发展工业经济的同时，湖北省水资源面临严重污染。由于城市废污水处理能力严重不足，大量的工业废水、生活污水未经处理直接排放，使江河湖泊等水体遭受污染，且直接间接地污染地下水源。据调查，2011 年，作为"千湖之省"的湖北，重点监测的湖泊中有一半湖泊的水质已沦为四类或者劣五类，水质符合功能区划标准的水域占 40%。特别是城市内湖水质总体属于重度污染，六个城市内湖均为四类、五类或者劣五类。部分区域，如武汉、孝感、咸

① 湖北省统计局：《湖北省统计年鉴（2012）》，http：//www.stats-hb.gov.cn/。

宁、襄樊等地，盲目开采地下水，已形成地下水降落漏斗，引发出环境地质问题。

（三）矿产资源高强度开采，部分地市矿产资源濒临枯竭

随着经济社会发展，湖北省丰富的矿产资源储量急剧减少。自20世纪50年代开始，湖北省部分地市依托本地区的矿产资源优势，形成了以自然资源开采和加工业为主导的产业结构，由此形成了一些资源型城市。然而，随着自然资源的高强度开采，部分地市矿产资源已濒临枯竭，2008年和2009年，大冶、黄石、潜江陆续成为全国资源枯竭型城市。由于资源枯竭，部分地市的资源开采业必将萎缩，而资源加工业也必将不可持续发展。随着原有主导产业经济效益下降，城市经济发展必然受挫，城镇化进程也会受到影响。

二　湖北省城镇化过程带来的环境问题

（一）大气污染

城镇化发展必然伴随工业、交通运输业的迅速发展，随之排放的二氧化硫、二氧化碳、一氧化碳等有害气体和烟尘，对大气环境产生严重影响。2011年，湖北省二氧化硫排放量为66.56万吨，烟（粉）尘排放量为34.61万吨，分别比2010年增长5.23%、2.1%。以武汉市为例，据监测，2011年武汉市可吸入颗粒物日均0.1毫克/立方米，在全国31个主要城市中排第23位，全年空气质量达到二级以上天数占全年的比重为83.8%，在全国排第26位。[1] 由此可见，湖北省大气污染较为严重。

（二）水污染

湖北省素有"千湖之省"的美誉，但随着工业化的推进和城

---

[1]　国家统计局：《中国统计年鉴2012》，http://www.stats.gov.cn/。

镇化的发展，水污染问题越来越成为经济社会发展的重要制约因素。湖北省水资源开发利用率较高，但由于对水资源过度和不合理的开发利用，使水生态环境受到严重破坏，水环境状况趋于恶化，对工农业生产和人民生活产生了负面影响。河水断流现象频发，河流、湖泊、水库水质污染严重，富营养化明显。2011 年全省废水排放总量为 29.31 亿吨，比上年增加 8.23%。

（三）固体废弃物污染

随着经济发展，工业生产和居民生活产生的固体废弃物数量急剧增加，加之其成分也越来越复杂，已经大大超出了自然界的自净能力。固体废弃物得不到分解，就会对大气、水、土壤产生二次污染，对生态环境污染非常严重。从 2001 年到 2011 年，湖北省工业固体废弃物呈逐年递增趋势，2011 年湖北省工业固体废弃物产生量为 7595.79 万吨，比 2010 年增加 11.49%，比 2001 年的 2694 万吨，增加了 1.82 倍。另外，2011 年湖北省工业固体废弃物综合利用量占排放总量的 79.08%，比 2010 年的 81.04% 略有提高，与全国一些地区相比，如山东省工业固体废弃物综合利用率为 93.7%，湖北省工业固体废弃物综合利用能力有待进一步提高。

第三节　湖北省城镇化发展与生态环境的实证分析

随着城镇化进程的不断推进，人口增长、经济发展、社会进步必然会加大对现实生态环境的压力；与此同时，生态环境中的资源环境在满足人类需要的同时，也存在着资源有限性和环境脆弱性，在一定程度上制约着城镇化的规模。最初由 1970 年加拿大统计学家 A. Freid 提出的 PSR 模型，即压力（pressure）—状态

（state）—反应（response）模型，在 20 世纪 80 年代末被经济合作和开发组织（OECD）与联合国环境规划署（UNEP）接纳，并被用来构建可持续的环境指标体系框架。[①] 在 P – S – R 框架内，环境问题表述为三个不同但又相互联系的指标类型，压力（P）表明生态环境恶化的影响；状态（S）用以衡量由于人类行为而导致的资源环境的变化，如资源消耗、环境污染；反应指标（R）则显示社会为减轻环境污染、资源破坏所做的努力。下面主要根据 P – S – R 概念模型，依据湖北省实际情况，通过城镇化与资源承载力分析、城镇化与环境的耦合分析，探求城镇化发展与环境、资源的深层关系。

一 湖北省城镇化发展与资源承载力分析

资源承载力是指一个国家或一个地区资源的数量和质量对该空间内人口的基本生存和发展的支撑力。由于土地资源是自然资源中与人类关系最为密切的一种资源，而国内生产总值一般是衡量一个国家和地区经济发展水平和经济资源优劣程度的指标，现参照以前学者的研究方法，选用耕地资源面积和国内生产总值分别代表自然资源和经济资源，[②] 作为主要分析对象，根据湖北省资源现状，以全国作为对比标准来衡量湖北省的资源承载力。基本计算公式如下：

自然资源承载力：$C_l = I_l \cdot Q_l$，其中，$I_l = Q_p'/Q_l'$，C_l 代表土地资源承载力，I_l 代表土地资源承载力指数，Q_l 代表目标区耕地面积，

---

① Tong C., "Review on Environmental Indicator Research", *Research on Environmental Science*, 2000, 13（4）: 53 – 55.

② 岳晓燕、汗一鸣、赵亚峰：《宁夏相对资源承载力与可持续发展研究》，《干旱区资源与环境》2007 年第 3 期。

Q'_p 代表对比区人口数量，Q'_l 代表对比区耕地面积。

经济资源承载力：$C_e = I_e \cdot Q_e$，其中，$I_e = Q'_p / Q'_e$，C_e 代表经济资源承载力，I_e 代表经济资源承载力指数，Q_e 代表目标区国内生产总值，Q'_p 代表对比区人口数量，Q'_e 代表对比区国内生产总值。

资源承载力：$C_r = C_l \cdot 50\% + C_e \cdot 50\%$

最后，将资源承载力与实际资源承载人口相比，若实际资源承载人口大于资源承载力 C_r，那么说明目标区资源处超载状态，反之，说明目标区处于资源承载富余状态，若两者相等，则处于临界状态。[①]

根据全国数据（见表 11 - 1 所示）和湖北数据（见表 11 - 2 所示），可以测算出湖北省资源承载力结果（见表 11 - 3 所示）。

表 11 - 1　**2002—2011 年全国人口、耕地、经济数据及其承载力指数**

年份	全国人口数量 Q'_p（万人）	全国耕地面积 Q'_l（千公顷）	国内生产总值 Q'_e（亿元人民币）	土地资源承载力指数 I_l（人/公顷）	经济资源承载力指数 I_e（人/万元人民币）
2002	128453	125933.33	120332.7	10.2	1.07
2003	129227	123400.00	135822.8	10.47	0.95
2004	129988	122466.67	159878.3	10.61	0.81
2005	130756	122066.67	184937.4	10.71	0.71
2006	131448	121800.00	216314.4	10.79	0.61
2007	132129	121733.33	265810.3	10.85	0.50
2008	132802	121713.33	314045.4	10.91	0.42
2009	133474	135066.67	340902.8	9.88	0.39
2010	134091	121733.33	401512.8	11.02	0.34
2011	134735	121720.00	472881.6	11.07	0.29

数据来源：《中国统计年鉴（2003—2012）》。

---

① 谈家青等：《山东半岛城市群相对资源承载力竞争力研究》，《资源开发与市场》2007 年第 3 期。

表 11-2　　　　　　**2002—2011 年湖北省人口、耕地、经济数据**

年份	耕地面积 Q_l（千公顷）	地区生产总值 Q_e（亿元人民币）
2002	3094.03	4212.82
2003	3095.04	4757.45
2004	3120.85	5633.24
2005	3161.2	6590.19
2006	3201.66	7617.47
2007	3226.62	9333.40
2008	3289.3	11328.92
2009	3308.4	12831.52
2010	3323.9	15806.09
2011	3349.3	19594.19

数据来源：《湖北省统计年鉴（2003—2012）》、《湖北省统计公报（2002—2011）》。

表 11-3　　　　　　**2002—2011 年湖北省资源承载力测算结果**

年份	土地资源承载力 C_l（万人）	经济资源承载力 C_e（万人）	资源承载力 C_r（万人）	湖北省实际人口数量（万人）	超载/富余人数（万人）
2002	3155.91	4507.72	3831.815	5987.8	-2155.99
2003	3240.51	4519.58	3880.045	6001.7	-2121.66
2004	3311.23	4562.92	3937.075	6016.1	-2079.03
2005	3385.65	4679.03	4032.34	6031	-1998.66
2006	3454.59	4646.66	4050.625	6050	-1999.38
2007	3500.88	4666.70	4083.79	6070	-1986.21
2008	3588.62	4758.15	4173.385	5852	-1678.62
2009	3268.70	5004.29	4136.495	5720	-1583.51
2010	3662.94	5374.07	4518.505	5724	-1205.5
2011	3707.68	5682.32	4695	5758	-1063

数据来源：《湖北省统计公报（2002—2011）》。

　　从基本数据计算出的湖北省资源承载力结果可以看出，湖北省的土地资源承载力与经济资源承载力均处于超载状态，且土地资源承载力远低于经济资源承载力，如 2011 年，湖北省土地资源承载力为 3707.68 万人，经济资源承载力为 5682.32 万人，综合承载力为 4695 万人，而当年湖北总人口为 5758 万人。近年来，湖北省资源承载力虽一直处于超载状态，但承载力却在不断增加，特别是经济资源承载力增加显著，说明承载人口大多依赖于湖北经济资源的发展。

二　湖北省城镇化发展与自然环境的耦合关系

城镇化的不断推进带动了能源的消耗、城镇人口的增加、城市经济的发展，这些都直接或间接对环境产生胁迫效应，反过来，环境也通过各种形式对城镇化的进一步发展产生约束效应。随着人类社会的发展，城镇化发展与环境变化呈现出阶段性变化的趋势，环境逐渐呈现出先恶化后改善的长时序规律，呈现出倒"U"形的变化趋势。

城镇化与环境之间的耦合指的是城镇化与环境两个系统可以通过各自的耦合元素相互作用、彼此影响，是城镇化与环境各要素之间各种非线性关系的总和。根据城镇化与环境的耦合关系，检验湖北省城镇化对环境的影响阶段和过程，拟建立城镇化与环境污染之间的二次曲线关系，即 $Y = \alpha_1 X_1 + \alpha_2 X_2^2 + \alpha_3$，根据方程的回归可以得到不同的曲线类型，分别代表城镇化对环境的不同影响路径。其中，Y 代表生态环境，X 代表城镇化水平，当 $\alpha_2 < 0$ 时，曲线呈倒"U"形；当 $\alpha_2 > 0$ 时，曲线呈"U"形；当 $\alpha_1 \neq 0$ 且 $\alpha_2 = 0$ 时，曲线呈直线形。

现选取 2002—2011 年十年的数据，对湖北省城镇化发展水平与环境之间的关系进行耦合，其中，城镇化发展水平选取城镇化率，环境选取工业三废指标，基本数据见表 11-4。

表 11 - 4　　　　　　湖北省 2002—2011 年三废排放量与城镇化水平

年份	废水排放量 （万吨）	工业固体废弃物 产生量（万吨）	二氧化硫 （万吨）	城镇化率 （％）
2002	232347	2977	53.92	41.4
2003	230578	3112	53.06	42
2004	232629	3266	69.24	42.6
2005	237368	3692	70.00	43.2
2006	239670	4315	76.02	43.8
2007	246019	4683.43	70.00	44.3
2008	258873	5014.17	66.98	45.2
2009	265757	5561.45	64.38	46
2010	270755	6812.99	63.25	49.7
2011	293064	7595.79	66.56	51.83

数据来源：《湖北省统计公报（2002—2011）》。

基于基础数据，利用 SPSS 软件对湖北省城镇化率与各种环境标志物之间的关系进行回归，得到如下结果：

以废水排放量为因变量：

$$Y = -115.9X^2 + 16752.6X - 26700$$

$$R^2 = 93.4\%$$

以工业固体废弃物产生量为因变量：

$$Y = -20.3X^2 + 2355.2X - 59915$$

$$R^2 = 99\%$$

以二氧化硫排放量为因变量：

$$Y = -0.381X^2 + 35.9X - 775.7$$

$$R^2 = 61.7\%$$

从回归结果来看，城镇化发展与环境之间呈倒"U"形发展态势。其中，二氧化硫排放量与城镇化率之间的拟合程度较低，但仍具备一定的相关性。

废水排放量和工业固体废弃物产生量与城镇化率之间的拟合程度较高,说明由于城镇化发展带来的工业废水排放量、工业固体废弃物产生量较大,且随着城镇化率的提高,废水排放量、工业固体废弃物在不断提高。如图 11 – 1、图 11 – 2 所示,2002—2011 年湖北省城镇化水平对废水排放量、工业固体废弃物产生量的影响处于倒"U"形曲线的左边,说明现阶段湖北城镇化率的提高加速了废水和固体废弃物污染。

近年来,湖北省产业集聚迅速发展,废水、工业固体废弃物的产生和排放对生态环境的压力越来越大,随着产业提升支撑经济社会发展的进一步深化,主导产业的城镇化必将加剧湖北省水资源、土地资源等方面的污染。

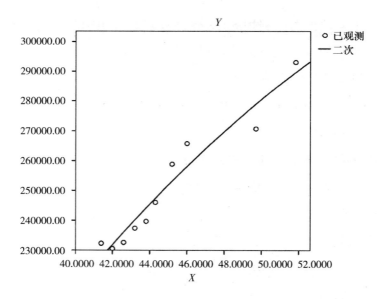

图 11 – 1 湖北省 2002—2011 年废水排放量与城镇化发展拟合

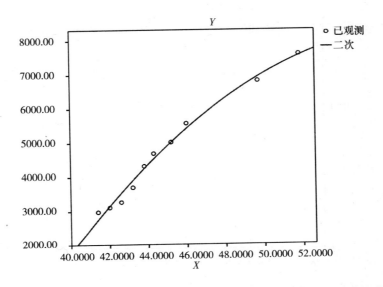

图 11-2　湖北省 2002—2011 年工业固体废弃物产生量与城镇化发展拟合

2002—2011 年二氧化硫的排放随着城镇化的发展先提高后下降，呈现出明显的倒"U"形（如图 11-3 所示）。虽然城镇化水平与二氧化硫的排放量之间拟合程度比废水和工业废弃物低，但仍具备一定的相关性。二氧化硫排放量与城镇化水平的倒"U"形趋势，主要是由于湖北省近年来严格控制二氧化硫排放量。例如，湖北省在 2007 年确定环保工作的首要任务是"千方百计完成主要污染物减排任务"，建立了湖北省火电行业分机组二氧化硫排放数据库，控制二氧化硫排放量，促进电力行业二氧化硫较快减排，减少二氧化硫排放 1.02 万吨，有力支撑了二氧化硫的总量削减。

通过 2002—2011 年湖北省城镇化与自然环境耦合分析可知，目前，湖北省城镇化发展面临环境污染问题，而废水、工业固体废弃物、废气与城镇化水平的耦合关系存在差异，表明在城镇化不同时期，环境受到破坏和好转的情况各异。

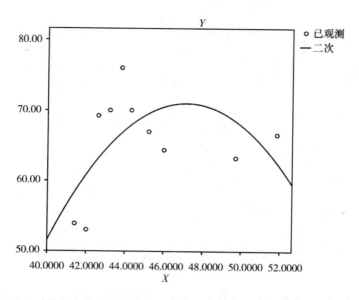

图 11 - 3   湖北省 2002—2011 年二氧化硫排放量与城镇化发展拟合

通过以上实证分析表明，在当前的城镇化发展模式下，湖北省的资源承载力一直处于超载的状态，且土地资源承载力较低。湖北省自然环境破坏和污染问题不断加剧，环境质量持续恶化。因此，湖北省必须改变现有发展模式，遵循生态文明理念，探寻资源节约、环境友好的城镇化道路。

第四节   生态文明视域下的湖北省新型城镇化发展的基本路径

一   转变城镇化发展观念

目前，湖北正处于城镇化的加速发展时期，在今后的发展过程中，必须摒弃高污染、高能耗的模式。转变模式，观念先行，思想是行动的先导，只有切实转变城镇化发展的思想观念，才能更好地指导实践。树立科学发展的城镇生态观，以改善人均环境为根本出发点和落脚点，集约利用土地资源、矿产资源、水资源等自然资源，充分考虑资源利用与生态保护的有机结合，将新城开发与旧城改造统筹规划，在城镇规划方面，坚持全面、协调、可持续发展的绿色生态理念。

二 完善资源管理和环境保护相关制度建设

城镇化发展，必须立足当前资源承载能力和环境状况，在此过程中，必须发挥政府的引导作用，利用财政、金融、土地等政策杠杆，通过良好的制度安排，引导或强制市场经济主体在获取经济利益的同时，兼顾资源、环境的压力，按照资源节约型、环境友好型社会的要求实现经济、社会、生态三方整体效益最大化。一是完善资源管理制度，建立资源的排他性产权，明晰资源的产权，在利益分配上倾向于产权所有者，推行资源价格管理制度，以资源管理方式的转变推动经济结构调整。二是加强环境保护的财政政策，拓宽环保资金筹措渠道，加大政府对环保的财政投入，对一些社会效益大、经济效益小、风险大、投资小的环保工程，政府可以直接投资，加强生态保护。

三 加快产业转型

必须强化空气、水等自然资源的环境约束，从生态环境的角度提升经济增长的质量。坚持加快产业转型，将产业升级与环境治理、资源节约相结合。一方面，积极改造和提升传统制造业，大力发展以服务业为主的第三产业，努力培育与生态文明建设相关的战略性新兴产业；另一方面，加大生态型基础设施建设力度，增加新型生态产品和服务的供给，构建以生态安全为导向的经济增长点，从而将经济增长与生态文明建设相结合，避免将生态文明建设作为新一轮经济增长的加速器。

四　大力发展循环经济

大力发展循环经济是环境友好型经济发展模式的具体体现。湖北省在城镇化发展过程中应将资源消耗大的企业作为循环经济发展的重点，引导企业按照"减量化、再利用、资源化"的思路安排生产经营活动，实现"资源—产品—再生资源"的反馈式流程，最大限度地提高资源配置效率，实现废弃物循环利用。另外，应发挥产业集聚效应，加大生态工业园区建设，通过循环经济型企业的规模式、集聚式发展，实现清洁生产、废物交换和循环利用，实现工业园区废物的资源化和无害化。

五　倡导绿色消费方式

大力加强环境友好宣传教育，动员全社会力量广泛开展多种形式的能源资源节约活动，引导全社会树立节约、绿色、低碳的生产与消费理念，在消费领域全面推广和普及节约技术，鼓励消费能源资源节约型产品，倡导社会循环式消费，努力营造环境友好型社会的良好氛围，用节约资源的消费理念引导消费方式的变革，从而使社会生产和消费系统良性循环发展，逐步形成文明、节约，与我国现阶段国情相适应的节约型消费方式。此外，政府部门要先行一步，从自身做起，带头厉行节约，在推动建设节约型社会中发挥表率作用，同时还应着力创建节约型城市、节约型单位、节约型企业、节约型社区，做好典型示范，及时总结推广。

结束语

经过改革开放 35 年艰苦卓绝的努力，中华民族又重新屹立于世界强国之列。短短的 35 年我们走过了西方国家 300 年的工业、城市发展历程。成就是有目共睹的，即便经历席卷全球的金融风暴，我们依然能够屹立东方而不倒。

在这 35 年的时间里，曾经炊烟袅袅、鸡犬相闻的郊区已经成为高楼林立、车水马龙的市镇，曾经日出而作、日落而息的农户也纷纷过上了楼上楼下、汽车电话的城市生活；曾经连最基本的生活用品都稀缺的国家，如今成为世界超级制造业大国；曾经吃穿住用行都难以保障的国家，如今成为一个富足的、欣欣向荣的世界级大国。当然，曾经的青山碧水、曾经的蓝天白云如今也出现了一些令人忧虑和痛心的现象。

这说明了随着经济发展的逐步深入，工业化、城镇化都面临着调结构、促转型的压力，诸多方面的矛盾日益显现。因此运用生态文明观对未来经济持续发展进行指导才是未来经济持续发展的长久之计。十八届三中全会之后新一届政府正是从这一角度进行了改革深化。这是最好的历史机遇也是最难的改革攻坚。

本书通过对马克思主义政治经济学、发展经济学、产业经济学、生态经济学等学科理论的回顾和总结，梳理了工业化理论、城市化理论的发展脉络，并结合国情总结了近期我国政学两界对新型工业化和新型城镇化的深入理解和概念创新。

从工业化和城镇化的逻辑关系来看，经过本书的论证，我们发现，中国的情况有其特殊性。传统认为的工业化带动城市化，工业发展提供大量的就业岗位带动了人口的集聚和生活方式的改变，这就是城市化。也就是说，传统的发展经济学理论已经先入为主地认为工业化带动城市化这一基本的规律。但是，经过我们对贵州这个欠发达省的调研和实证分析，我们意外地发现在贵州却没有遵循这一规律。也就是说在贵州，工业化是城镇化的结果而非推动力。这说明，我国的具体国情是多样的，需要不断探索本国实际情况并总结自身的经验和教训。

工业化和城镇化归根到底可以归为"术"，而发展之"道"则更多地应该放在一个更大的视角上。在分析完工业化和城镇化耦合发展的战略之后，本书重点介绍了与生态文明观相关联的理论及其支脉。其中最为主要的就是两个部分：一个是马克思主义生态文明观以及由此衍生出来的"科学发展观"理论；另一个则是基于生态学的生态经济学、可持续发展理论等现代西方理论。这两派的理论一个是高屋建瓴的价值观导向，一个是强调应用的工具导向，两者可以相互补充互相借鉴。本书基于对这两种生态观理论进行汇总，最后提出了基于生态文明观的工业化和城镇化耦合发展的战略思路。

面对着新的历史机遇，在我国经济和社会结构转型的关口，要实现国家经济赶超和经济社会全面进步，新型工业化和城镇化必将是未来政策最为主要的"抓手"。回顾人类工业化历程和城市化历程，横向对比西方主要经济强国，我们还有一段很长的路要走，全面建设和谐社会的历史任务任重而道远。因此，对于现在，我们应该不遗余力，对于未来，我们更应该勇于担当。

希冀在新型工业化和城镇化这两个车轮的推动下，在生态文明观的指引下，我们的未来必将更加美好！

参考文献

《马克思恩格斯选集》（第1—4卷），人民出版社1995年版。

《马克思恩格斯全集》（第3卷），人民出版社2002年版。

《马克思恩格斯全集》（第25卷），人民出版社2001年版。

《马克思恩格斯全集》（第30卷），人民出版社1995年版。

《马克思恩格斯全集》（第44卷），人民出版社2001年版。

《马克思恩格斯全集》（第46卷），人民出版社2003年版。

恩格斯：《自然辩证法》，人民出版社1971年版。

《列宁全集》（第55卷），人民出版社1999年版。

《毛泽东选集》（第1—4卷），人民出版社1991年版。

中共中央文献研究室：《十六大以来重要文献选编》（上），中央
文献出版社2005年版。

《中国共产党第十七次全国代表大会文件汇编》，人民出版社2007
年版。

《中共中央关于构建社会主义和谐社会若干重大问题的决定》，人
民出版社2006年版。

姜春云：《偿还生态欠债——人与自然和谐探索》，新华出版社
2007年版。

姬振海：《生态文明论》，人民出版社2007年版。

安虎森主编：《区域经济学通论》，经济科学出版社 2004 年版。

张培刚：《农业与工业化》（上卷），华中工学院出版社 1984 年版。

张培刚：《发展经济学通论》（第 1 卷），湖南出版社 1991 年版。

谭崇台：《发展经济学》，山西经济出版社 2000 年版。

赵国鸿：《论中国新型工业化道路》，人民出版社 2005 年版。

于刃刚：《配第克拉克定理评述》，《经济学动态》1996 年第 8 期。

宋群：《我国工业化加快发展和经济全球化趋势的战略关系与对策》，《经济研究参考》2006 年第 24 期。

周叔莲：《中国工业增长与结构变动研究》，经济管理出版社 2000 年版。

保建云：《企业区位理论的古典基础——韦伯工业区位理论体系述评》，《人文杂志》2002 年第 4 期。

葛本中：《中心地理论评介及其发展趋势研究》，《安徽师范大学学报》（自然科学版）1989 年第 2 期。

费景翰等：《劳动力剩余经济的发展》，华夏出版社 1989 年版。

张红梅：《戴尔·乔根森及其经济理论》，《经济学动态》1997 年第 5 期。

［美］M. 托达罗：《第三世界的经济发展》，中国人民大学出版社 1989 年版。

费孝通：《论中国小城镇的发展》，《中国农村经济》1996 年第 3 期。

辜胜阻：《人口流动与农村城镇化战略管理》，华中理工大学出版社 2000 年版。

陈颐：《中国城市化和城市现代化》，南京出版社 1998 年版。

［美］舒尔茨：《改造传统农业》，商务印书馆 1987 年版。

〔美〕阿尔伯特·赫希曼：《经济发展战略》，经济科学出版社
　　1991年版。

〔美〕速水佑次郎、弗农·拉坦：《农业发展的国际分析》，中国
　　社会科学出版社2000年版。

〔美〕约翰·梅勒：《农业经济发展学》，农村读物出版社1998
　　年版。

刘斌、张兆刚：《中国三农问题报告》，中国发展出版社2004
　　年版。

谭国雄：《借鉴发达国家农业现代化经验我国农业现代化应处理好
　　六大关系》，《农业现代化研究》2005年第1期。

胡鞍钢等：《农业企业化：中国农村现代化的重要途径》，《农业
　　经济问题》2001年第1期。

顾焕章：《论面向21世纪我国农业现代化进程中的十大关系》，
　　《中国科技论坛》1997年第5期。

刘志澄等：《农村市场经济问题探索》，中国农业出版社1994
　　年版。

〔美〕K.J.巴顿：《城市经济学》，商务印书馆1986年版。

黄群慧：《中国城市化与工业化的协调发展问题分析》，《学习与
　　探索》2006年第2期。

曾宪初、张洁燕等：《湖北农业产业化现代化、农村工业化城镇化
　　的现状、问题与对策》，《湖北社会科学》2006年第2期。

夏春萍：《工业化、城镇化与农业现代化的互动关系研究》，《经
　　济纵横》2010年第10期。

夏春萍、路万忠：《我国统筹工业化、城镇化与农业现代化的现实
　　条件分析》，《经济纵横》2010年第8期。

钱津：《中国农业必须走现代化之路》，《贵州社会科学》2010年

第 1 期。

刘建铭：《关于农区工业化、城镇化与农业现代化互动发展的思考》，《经济经纬》2004 年第 2 期。

王永苏：《试论中原经济区工业化、城镇化、农业现代化协调发展》，《中州学刊》2011 年第 3 期。

蔡瑞坷：《乡镇企业：县域经济增长方式转变的重点》，《经济论坛》1997 年第 4 期。

曹芳东、吴江等：《基于空间计量经济模型的县域经济发展差异研究——以江苏省为例》，《地域研究与开发》2010 年第 12 期。

陈爱娟、王小翠：《陕西省县域经济发展水平聚类分析》，《发展》2009 年第 2 期。

陈芳、龙志和：《中国县域经济差距的收敛性研究——基于动态面板数据的 GMM 方法》，《中国科技论坛》2011 年第 4 期。

许涤新：《生态经济学探索》，上海人民出版社 1985 年版。

赵琦、李沫萱：《中国在发展的十字路口——专访地球政策研究所所长莱斯特·R. 布朗》，《科技中国》2004 年第 7 期。

莱斯特·R. 布朗：《B 模式：拯救地球　延续文明》，林自新等译，东方出版社 2003 年版。

世界环境与发展委员会：《我们共同的未来》，世界知识出版社 1989 年版。

许涤新主编：《生态经济学》，浙江人民出版社 1987 年版。

［德］弗里德里希·亨特布尔格等：《生态经济政策：在生态专制和环境灾难之间》，东北财经大学出版社 2005 年版。

［英］安格斯·麦迪森：《世界经济千年史》，伍晓鹰、许宪春等译，北京大学出版社 2003 年版。

国家统计局：《中国统计年鉴（2005）》，中国统计出版社 2005

年版。

王振堂、盛连喜:《中国环境变迁与人口压力》,中国环境科学出
版社 1994 年版。

《联合国防治荒漠化公约》中国执委会秘书处:《中国履行联合国
防治荒漠化公约国家报告》,2002 年 4 月。

国家林业局:《中国荒漠化和沙化状况公报》,2005 年 6 月。

国家环境保护总局:2004 年《中国环境状况公报》,2005 年 5 月
25 日发布。

国发〔2005〕39 号:《国务院关于落实科学发展观加强环境保护
的决定》,2005 年 12 月。

刘宇辉、张翼飞:《中国区域生产可持续性计算与分析》,《中国
可持续发展》2005 年第 4 期。

徐长春、熊黑钢、秦珊、李新萍:《新疆近 10 年生态足迹及其分
析》,《新疆大学学报》(自然科学版) 2004 年第 2 期。

《新疆国土资源环境遥感综合调查研究》,新疆人民出版社 2004
年版。

中国工程院:《21 世纪中国可持续发展水资源战略研究》综合报
告,2000 年。

马凯:《贯彻落实节约资源基本国策　加快建设节约型社会》,
《经济日报》2005 年 12 月 19 日。

林双川:《资源"瓶颈"敲响警钟　中南海倡建节约型社会》,
《半月谈》2005 年第 14 期。

国家发展和改革委员会固定资产投资司:《以科学的发展观看我国
工业化进程中的资源问题》,http://tzs.ndrc.gov.cn/tzyj/t2005
0804_ 38 652.htm。

《国际油价突破每桶 70 美元再创新高》,新华网,2005 年 8 月 29

日，www. XINHUANET. com。

张金萍：《铁矿石上涨困局需合力破解》，国土资源新闻网，2005
　年4月19日。

《减缓生物多样性流失速度刻不容缓》，联合国电台，2006年1月5
　日，http：//www. un. org/chinese/radio/story. asp? NewsI D =235。

丁元竹：《2010年：中国的三种可能前景——对98名政府和非政
　府专家的调查与咨询》，中国社会学网，2004年10月29日，
　http：//www. sociology. cass. net. cn/shxw/shfz/P020041029313791
　096323. pdf。

卢琦、吴波：《中国荒漠化灾害评估及其经济价值核算》，《中国
　环境报》2002年6月7日。

厉以宁、Jeremy Warford 等：《中国的环境与可持续发展》，经济科
　学出版社2004年版。

李建超：《汉唐长安城地下水的污染与黄土地带国都的生态环境嬗
　变》，载史念海主编《汉唐长安城与黄土高原》，《中国历史地
　理论丛》1998年增刊。

朱俊风、朱震达等：《中国沙漠化防治》，中国林业出版社1999
　年版。

辛树帜等主编：《中国水土保持概论》，农业出版社1982年版。

腾月：《2004年地球生态报告：地球得病都是人贪惹的祸》，人民
　网，2004年12月27日。

［英］威廉·配第：《赋税论》，陈冬梅等译，商务印书馆1987
　年版。

千年生态系统评估（MA）项目概念框架工作组报告：《生态系统
　与人类福利：评估框架》（摘要），世界资源研究所，2003年。

陈德昌主编：《生态经济学》，上海科学技术文献出版社2003

年版。

解焱主编：《恢复中国的天然植被》，中国林业出版社 2002 年版。

马传栋：《可持续发展经济学》，山东人民出版社 2002 年版。

周宏春、刘燕华等：《循环经济学》，中国发展出版社 2005 年版。

冯之浚：《树立科学发展观　促进循环经济发展》，《上海大学学报》（社会科学版）2004 年第 5 期。

任文伟、郑师章编著：《人类生态学》，中国环境科学出版社 2004 年版。

朱朝枝等：《现代科学与技术概论》（教案），福建农林大学，2005 年。

曹明奎：《21 世纪生态学面临的挑战及其使命》，载北京师范大学生命科学学院第三届现代生态学讲座论文摘要集，2005 年 6 月。

"中国土地资源生产能力及人口承载量研究"课题组：《中国土地资源生产能力及人口承载量研究》（概要），中国人民大学出版社 1992 年版。

刘宇辉、张翼飞：《中国区域生产可持续性计算与分析》，《中国可持续发展》2005 年第 4 期。

曲格平：《从斯德哥尔摩到约翰内斯堡的发展道路》，2002 年 11 月 14 日在香港城市大学的演讲。中国环境资源网，曲格平环境思想文库。

邓芬：《论珠江三角洲的农业生产形式——桑基鱼塘》；黄启臣：《明清珠江三角洲"桑基鱼塘"发展之缘由》。2003 年 11 月 18—20 日，中国生物学暨农学史学术研讨会论文，中国经济史论坛 2003 年 11 月 29 日发布。

马世俊：《中国的农业生态工程》，科学出版社 1987 年版。

陈永福：《中国食物供求与预测》，中国农业出版社 2004 年版。

陈六君、毛谭、刘为、方福康：《生态足迹的实证分析——中国经济增长中的生态制约》，《中国人口·资源与环境》2004 年第 5 期。

刘宇辉、彭希哲：《中国历年生态足迹计算与发展可持续性评估》，《生态学报》2004 年第 10 期。

吴树青、卫兴华、洪文达主编：《政治经济学》（上册），中国经济出版社 1993 年版。

郅振璞、吴坤胜：《让绿色家园更秀美——内蒙古草原生态建设纪实》，《人民日报》2002 年 12 月 22 日第 1 版。

陈俊愉：《重提大地园林化和城市园林化——在〈城市大园林论文集〉出版座谈会上的发言》，《中国园林》2002 年第 3 期。

周海林：《可持续发展原理》，商务印书馆 2006 年版。

张雷：《现代城镇化的资源环境基础》，《自然资源学报》2010 年第 4 期。

姬振海：《生态文明论》，人民出版社 2007 年版。

Ammara Mahmood, "Total Factor Productivity Growth in East Asia: A Two Pronged Approach", *European Journal of Economics*, 2008.

Athukorala, Prema-chandra, "Agricultural Trade Policy Reform in Asian", *Journal of Asian Economics*, 2000, 11: 169 – 193.

Bailey R. G., "Explanatory Supplement to Ecoregions map of the Continents", *Environmental Conservation*, 1989, 16 (4): 307 – 310.

Bateman I. J. et al., "Economic Valuation with State Preference Technique: A Manual", *Ecological Economics*, 2004.

Blakely. E. J., "Community Economic Development", *International Encyclopedia of the Social & Behavioral Sciences*, 2001, 2346 – 2351.

Bromley, D. W., *Economic Interests and Institutions: the Conceptual Foundations of Public Policy*, New York and Oxford: Basil Blackwell, 1989.

Byrd, William and Qingsong Lin, *China's Rural Industry: Structure, Development, and Reform*, Oxford University Press, 1990.

Charnes A., "Sensitivity Analysis of the Additive Model in Data Envelopment Analysis", *European Journal of Operational Research*, 1990, 48 (3): 332 – 341.

Chin Chen Chang, Yir-Hueih Lah, "Efficiency Change and the Growth in Productivity: The Asian Growth Experience", *Journal of Asian Economics*. 2000.

Cova, P., Pisani, M., Batini, N., Rebucci, Alessandro, "Productivity and Global Imbalances: The Role of Nontaxable Total Factor Productivity in Advanced Economies", IMF Staff Papers, 2008.

Ellison, Glenn, Glaeser, "The Geographic Concentration of Industry Dots Natrual Advantage Explain Agglomeration", *American Economic Review*, 1999, 89 (2): 311 – 316.

Emad Roghanian, Amin Foroughi, "An Empirical Study of Iranian Regional Airports Using Robust Data Envelopment Analysis", *International Journal of Industrial Engineering Computations*, 2010.

Fuentes, R., Larraín, M., Schmidt-Hebbel, K., "Sources of Growth and Behavior of TPF in Chile", *Cuadernos de Economía*. 2006.

Fujita M., Krugman, P., and J. Venables, *The Spatial Economy: Cities, Regions, and International Trade*, Cambridge, Massachusetts: MIT Press, 1999.

Gery L. Gaile, Cort J Wellmott, *Geography in America*, Merrill Publishing company, 1989, 351 – 365、632 – 635.

Groenewold N. , Lee G. , Chen A. , "Inter-regional Spillovers in China: The Importance of Common Shocks and the Definition of the Regions", *China Economic Review*, 2008.

Groenewold, N. , Lee, G. , and Chen, A. , "Regional Output Spilloverin China: Estimatefroma VAR Model", Papers in Regional Science, 2007.

G. M. Hodgson, "The Approach of Institutional Economies", *Journal of Economies Literature*, 1998, 36 (1): 166 – 192.

Hallam, D. , "More on Macroeconomics and Agriculture: International Financial Market and Agricultural Trade", *Journal of Agricultural Economics Research*, 1991, 42: 41 – 44.

Hauser P. M. and L. Schnore, *The Study of Urbanization*, New York: John Wiley and sons, 1965.

Hayter R. and Barnes. T. J. , "Labour Market Segmentation, Flexibility and Recession: A British Colombian Case Study", *Environment and Planning*, 1982, (10): 333 – 353.

Ismail, Rahmah, "Technical Efficiency, Technical Change and Demand for Skills in Malaysian Food-Based Industry", *International Journal of Economics and Finance*, 2009.

J. D. Von Pischke, *Rural Financial Market in Developing Countries*, The Johns Hopkins University Press, 1983.

Kay Cao, Rod Forbes, "Productivity in the New Zealand Primary and Downstream Sector", *Australasian Agribusiness Review*, 2007.

Krugman, Paul, "Increasing Returns and Economic Geography", *Journal of Political Economy*, 1999, 3: 483 – 499.

Krugman, P. R., "Increasing Returns and Economic Geography", *The Journal of Political Economy*, 1991, 99 (3): 483 – 499.

Lester R. Brown, *Who Will Feed China? Wake-Up Call for a Small Planet*, W. W. Norton & Co., New York, 1995.

Lewis, "Economic Development with Unlimited Supply of Labor", *The Manchester School*, 1954, 5: 201 – 214.

Lin Shoufu, Zhao Dingtao, Grey Relevancy Analysis about Energy Consumption of Industry and Economy Development in China, Proceedings of the 6th International Conference on Management, 2007.

Louis Wirth, "Urbanism As a Way of Life", *American Journal of Sociology*, 1938, 44: 1 – 24.

Mahadzir Ismail, Hasni Abdul Rahim, "Impact of Merger on Efficiency and Productivity in Malaysian Commercial Banks", *International Journal of Economics and Finance*, 2009.

North D. C., "Institutions and Economic Growth: An Historical Introduction", Wdrld Development, 1989, 17 (9): 1319 – 1332.

Potter, Clive, Burney, Jonathan, "Agricultural Multifunctionality in the WTO-legitimate Non-trade Concern or Disguised Protectionism", *Journal of Rural Studies*, 1985, 18: 35 – 47.

Prebisch, *The Economic Development of Latin American and it's Principal Problems*, New York: United Nations Economic Commission for Latin America.

Rosenstein-Rodan, "Problems of Industrialization of Eastern and South-Eastern Europe", *Economic Journal*, 1943, 53: 202 – 211.

Stanley Fischer, Ratna Sahay & Carlos A. Vegh, "Economies in Transition: The Beginnings of Growth", *The American Economic Review*,

1996，86（2）：229 – 233.

Todaro Michael P. , *Economic Development in the Third Word*, New York and London: Longman, 1985.

Uhlin, Hans-Erik, "Energy Productivity of Technological Agriculture-lessons from the Transition of Swedish Agriculture", *Agriculture, Ecosystems and Environment*, 1999, 73（1）: 63 – 81.

Vemon Henderson, "The Urbanization Process and Economic Growth: The So-what Question", *Journal of Economic Growth*, 2003, 3: 47 – 71.

Ward D. , *Cities and Immigrants*, New York: Oxford University Press, 1971.

Yasusada, Murata, "Rural-Urban Interdependence and Industrialization", *Journal of Development Economics*, 2002, 68: 1 – 3.